JN082452

LE PETIT MANUEL DU
DU
CHOU

私のインスピレーションの源、マリーとミランへ

Le Petit Manuel Du Chou - ©Hachette - Livre (Marabout), 2020
de Mélanie Dupuis, Pierre Javelle et Yannis Varoutsikos
avec la collaboration de Anne Cazor

Japanese translation rights arranged with Hachette - Livre, Paris
through Tuttle - Mori Agency, Inc., Tokyo

美しいシュー菓子の
教科書

レシピ＆解説：メラニー・デュピュイ

写真：ピエール・ジャヴェル

絵：ヤニス・ヴァルツィコス

技術説明：アンヌ・カゾール

翻訳：三本松里佳

SOMMAIRE

目次

第1章

シュー菓子の基本

基本の生地／テクニック............10
クリーム／グラサージュ............26
生地（パート）........................38
デコレーション........................44

第2章

シュー菓子のレシピ

シュー・ア・ラ・ヴァニーユ........56
シュー・ア・ラ・ピスターシュ........60
エクレール・オ・カフェ............64
サランボ...................68
グラン...................72
ルリジューズ・オ・ショコラ........76
シュー・ジャンドゥーヤ・エ・
シトロン...................80
シュー・エグゾティック............84
シュー・トゥ・ショコラ.............88
シュー・ロシェ.........................92
エクレール・オ・カラメル.........96
エクレール・オ・メートル・
カカウェット...........................100
プロフィトロール・セザム・
ノワール・エ・スリーズ.........104
パリ・ブレスト...........................108
パリ・フレーズ・エ・
ヴェルヴェーヌ.........................112
サン・トノーレ...........................116
タルト・オー・シュー・フリュイ・
ルージュ・エ・ヴァニーユ.........120
ピエス・モンテ...........................124
シューヌ・ショコラ・エ・ノワ・ド・
ペカン...........................128
シューケット...........................132

第3章

用語解説

道具...........................136
生地（パート）の扱い方...........138
基本テクニック...........................139
レシピ一覧...........................142
材料索引...........................143

本書の使い方

第 1 章
シュー菓子の基本

シュー菓子作りに必要な基礎知識をまとめました。シュー生地、ポシャージュ、焼成、クラクラン、クレーム・パティシエールなど、基本となる材料やレシピに、テクニックや作り方のコツなど、それぞれ写真とイラストを添えて解説します。

第 2 章
シュー菓子のレシピ

シュー菓子のレシピを紹介します。それぞれのお菓子がどのように構成されているかをイラストで示し、作り方の手順を写真を添えて解説します。関連する基本テクニックのページ数も記載しています。

第 3 章
用語解説

シュー菓子作りに役立つマニュアルです。材料と道具の扱い方、基本テクニックなどを、写真とイラストを添えて解説します。

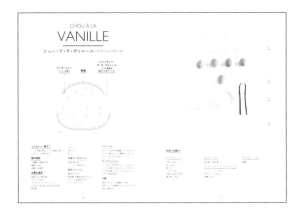

シュー菓子や生地の構造と特徴、上手に仕上げるポイントなどをイラストと文章で解説しています。制作時間はあくまで目安です。必要な道具には、泡立て器やボウル等の基本的な道具は明記しておりませんのでご注意ください。

材料を写真と材料表で紹介しています。なお、写真と材料表の分量が異なる場合がありますが、材料表の分量を参考にしてください。

上部に製作工程の写真、下部で手順を解説しています。

仕上がりイメージです。

お菓子を作りはじめる前に

・材料表のバターは「食塩不使用バター」を使用します。

・材料表の生クリームは、乳脂肪分35〜38%のものを使用します。

・材料表の塩は特に記載がない場合、精製塩を使用します。

・材料表のチョコレートは製菓用（クーベルチュール）を使用します。なお本書では、ブラックチョコレートはカカオ含有量55%以上のものを、ミルクチョコレートはカカオ含有量35〜41%のものを、ホワイトチョコレートはカカオ含有量34%以上のものを使用しています。

・粉類（アーモンドパウダー、ココアパウダー、粉糖も含む）は使う前にふるいます。

・打ち粉、型、天板等に塗るバターや粉類は特に記載がない場合すべて分量外です。

・生地を伸ばす時の打ち粉は、均等に散りやすい強力粉を使用します。

・シャンティイを作る、クレーム・パティシエールを冷やす、板ゼラチンを戻す（水温が高い場合）といった作業には氷が必要になるので、氷を用意しておくと便利です。

・表示のオーブンの温度や焼成時間はあくまでも目安です。オーブンの機種や特性に応じて適宜調節してください。家庭用オーブンの場合、焼成温度より20〜30℃高めの設定で予熱を十分に行ってください。

・作業する室温は15〜20℃を想定しています。常温にする場合はこの温度まで冷まし（温め）ます。

・本書に掲載されている材料や道具の中には、日本では入手しにくいものもありますので、一部代用品を記載しています。日本国内でも、インターネット上でほぼすべてのものを入手することができます。

・本書は『美しいフランス菓子の教科書』『美しいタルトの教科書』『美しいチョコレート菓子の教科書』（小社刊）の原書の内容を一部再録しているページがありますが、シュー菓子の専門書としてより詳しい翻訳に改訂しています。

CHAPITRE 1

LES BASES

第 1 章
シュー菓子の基本

基本の生地／テクニック

パータ・シュー
（シュー生地）.....................10

ポシャージュ
（絞り出し）.....................14

焼成 18

フォンダン
（糖衣）.....................20

グラッセー・アン・シュー
（シューに上がけする）.....................22

クラクラン
（クッキー生地）.....................24

クリーム／グラサージュ

クレーム・パティシエール
（カスタードクリーム）／

クレーム・ディプロマット
（カスタードホイップクリーム）...........26

クレーム・オ・ブール
（バタークリーム）.....................28

クレーム・アングレーズ
（カスタードソース）.....................30

ガナッシュ・モンテ
（泡立てたガナッシュ）.....................32

クレーム・シトロン
（レモンホイップクリーム）.................34

シャンティイ
（砂糖を加えて泡立てた生クリーム）.....36

グラサージュ・ショコラ・オ・レ
（ミルクチョコレートの上がけ）...........37

生地（パート）

パート・フイユテ・ラピッド
（時短折り込みパイ生地）.................38

パート・サブレ
（サブレ生地）.....................42

デコレーション

プラリネペースト／
ジャンドゥーヤ 44

クランブル・ショコラ
（チョコレート風味のクランブル生地）...46

ヌガティーヌ・デコール
（デコレーション用
　アーモンド入り飴菓子）.................47

ヌガティーヌ・ピエス・モンテ
（デコレーションケーキ用
　ヌガティーヌ）.....................48

カラメル・デコール
（デコレーション用カラメル）.............50

ソース・オ・カラメル
（カラメルソース）.....................52

PÂTE À CHOUX

パータ・シュー（シュー生地）

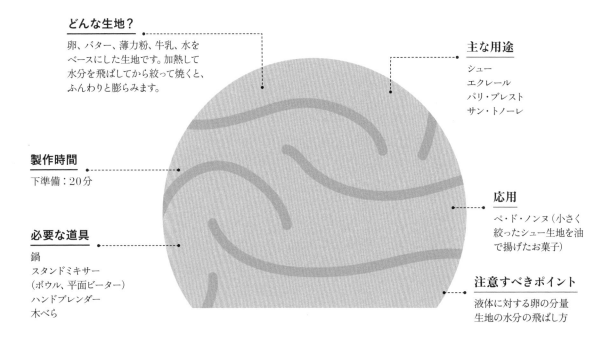

どんな生地？

卵、バター、薄力粉、牛乳、水を
ベースにした生地です。加熱して
水分を飛ばしてから絞って焼くと、
ふんわりと膨らみます。

主な用途

シュー
エクレール
パリ・ブレスト
サン・トノーレ

製作時間

下準備：20分

応用

ペ・ド・ノンヌ（小さく
絞ったシュー生地を油
で揚げたお菓子）

必要な道具

鍋
スタンドミキサー
（ボウル、平面ビーター）
ハンドブレンダー
木べら

注意すべきポイント

液体に対する卵の分量
生地の水分の飛ばし方

焼成時にオーブンを開けて蒸気を取り除くのはなぜ？

乾燥した環境で、きれいな焼き色がつくように高温にするためです。

パナード（シューのベース生地）の水分を飛ばしすぎてはいけないのはなぜ？

シュー生地は、焼成時に中の水分が水蒸気に変化することで膨らみます。したがって、
生地の水分が少なすぎるとシューが膨らみません。

アドバイス

シュー生地をシリコン製のオーブン
シートの上に絞るのは避けましょう。
空気がうまく循環しないため、シュー
の底がくぼんでしまいます。
生地はしっかりと水分を飛ばし、卵を
入念に練りこむことが成功の秘訣です。
パナードがまだ熱いうちに卵を加える
ことで、焼成に適した生地ができます。

材料（400g分）

牛乳：100g
水：100g
塩：2g
バター：90g
全卵：200g（卵4個）
薄力粉：120g

1　オーブンを220℃に温めておく。鍋に牛乳、水、塩、小さくカットしたバターを入れて火にかけ、沸騰させる。バターが完全に溶けていることを確認する。

2　1の間に、ハンドブレンダーで卵を数秒間かき混ぜておく。

3　1が吹きあがってきたら火から下ろし、一気に薄力粉を加える。

4　木べらで手早く混ぜる。このベース生地をパナードという。

5　パナードが均等に混ざったら鍋底に平らにならし、再び火にかける。混ぜずにそのまま加熱し、パチパチという音がしてきたら、生地を持ち上げて裏面をチェックする。全体に薄く均等な膜が張ったようになれば、充分に水分が抜けた印。

6　鍋を火から下ろし、生地をスタンドミキサーのボウルに入れる。平面ビーターを取りつけ、まずは低速で数秒間、その後、溶き卵を少しずつ加えながら、全体が均一にまとまるまで混ぜる。すぐに使用する。

作りやすい方法（スタンドミキサー不要）

1〜4　は左記と同様に作る。

5　再び火にかけ、混ぜ続けて余分な水分をとばす。生地が1つにまとまって鍋底に薄い膜が張ったようになったら、火からおろす。

6　すぐにボウルに移し軽く粗熱を取る。ときほぐした卵を4〜5回に分けて加えては、木べらで混ぜていく。滑らかになれば次を加えなじませ、艶が出るまでよく混ぜる。木べらですくうとゆっくりと落ち、逆三角形に生地が残る程度まで、卵で固さを調節する。

POCHAGE

ポシャージュ（絞り出し）

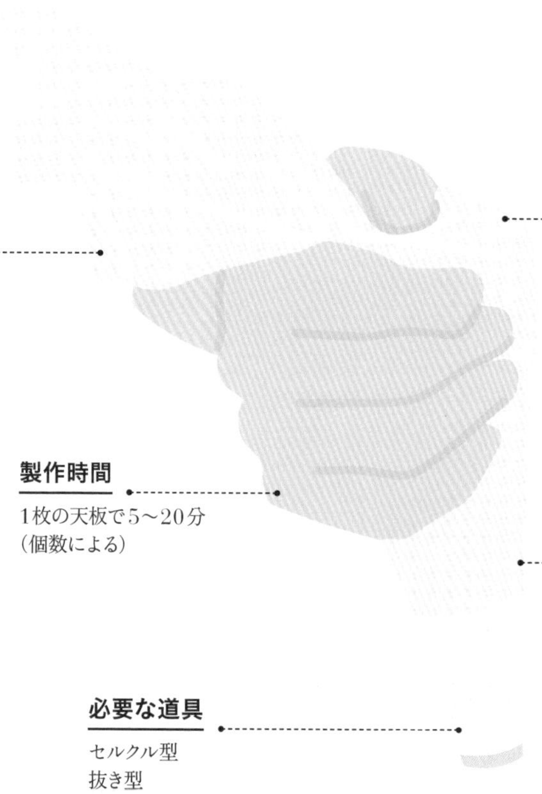

どんなテクニック？

焼成後に均等な仕上がりになる
ように、口金を取りつけた絞り袋
を使って、シュー生地を正確な形
に絞り出すテクニックです。

基本テクニック

打ち粉をする
（フルレ、P.138参照）
絞り袋に生地を詰める
（P.138参照）

製作時間

1枚の天板で5〜20分
（個数による）

注意すべきポイント

絞り出した分量にムラが
できないように、絞り袋に
生地を詰める時に空気が
入らないようにしましょう。

必要な道具

セルクル型
抜き型
絞り袋、口金
フッ素加工天板
カード

同じ分量を絞り出さないといけないのはなぜ？

絞り出した生地の分量にムラがあると、均等に膨らまないことがあるからです。
一定の量を絞り出すことで、全体がきれいに丸く膨らんだシューができます。

Pocher un chou
シューの形に絞る

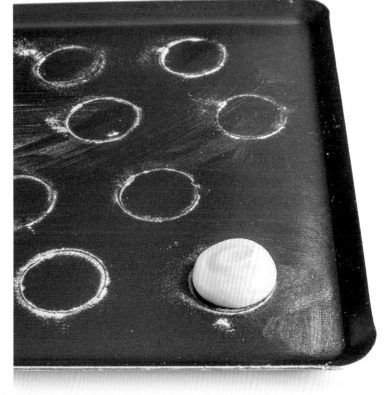

1　作りたいシューの大きさの直径の抜き
型を薄力粉につけて、バターを薄く塗った
天板に円形の印をつける。10mmの丸口
金をつけた絞り袋に生地を詰め、天板から
1cm離して垂直に持つ。

2　一回で形を作るように、生地は続けて
一度に押し出す。

3　円が埋まったら押すのを止め、そのま
まの位置で袋の口を真横にずらして生地
を切る。必要に応じて表面にドリュール（溶
き卵）を塗り（P.140参照）、オーブンに入れる。

Pocher un éclair ou un gland
エクレールまたはグランの形に絞る

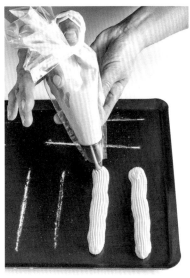 

エクレール（エクレア）

1　カードを薄力粉につけて、バターを薄く塗った天板に、作りたいエクレールの長さに応じた直線を描く。10切星口金をつけた絞り袋に生地を詰める。

2　袋を天板から1cm離して斜めに構え、奥から手前に向かって、一度で生地をエクレールの形に押し出す。

3　希望の長さに達したら押すのを止め、そのままの高さで袋の口を反対側にずらして生地を切る。

グラン

1　バターを薄く塗った天板に打ち粉をする（P.138参照）。長さ6〜8cm・最大幅3〜4cmのしずく型の型紙を使って印を描く。12〜14mmの丸口金をつけた絞り袋に生地を詰める。

2　しずく型の幅広い円の部分が奥にくるように天板を配置する。袋を天板から1cm離して垂直に持ち、円の部分に生地を押し出す。円が埋まったら、袋を手前に動かして、しずく型の先端まで生地で埋める。

3　押すのを止め、そのままの高さで袋の口を奥にずらして生地を切る。

Pocher une roue
リング状に絞る

1　バターを薄く塗った天板に打ち粉をする（P.138参照）。作りたい大きさに合ったセルクル型を使って印をつける。リング状にするなら、異なるサイズのセルクル型2個を使う。まず直径20cmのセルクル型をおき、型に沿って指で円を描く。これが外側の円になる。幅4cmの太いリングを作るなら内側に12cmのセルクル型を、細いリングなら16cmのものを置き、同じように指で円を描く。12切星口金をつけた絞り袋に生地を詰める。

2　袋を天板から1〜2cm離して、軽く横に傾けて持ち、外側の円に沿って生地を押し出す。ひと回りしたら、最初に押し出した部分に軽く重ねて閉じ、生地を切る。

3　同じようにして、内側の印まで生地を絞る。

4　2段目のリングは、1段目の生地と生地の境にのせるように位置をずらして絞る。

CUISSON

焼成

どんな工程？
絞り出したシュー生地を焼く作業です。ふっくらと均等に膨らんだ、軽くてきれいな焼き色がついたシューに焼き上げます。

基本テクニック
自然対流式オーブンを使う（P.141参照）
熱風循環式オーブンを使う（P.141参照）

製作時間
20〜40分

注意すべきポイント
焼成中は目を離さないようにしましょう。

必要な道具
オーブン
フッ素加工天板
金網

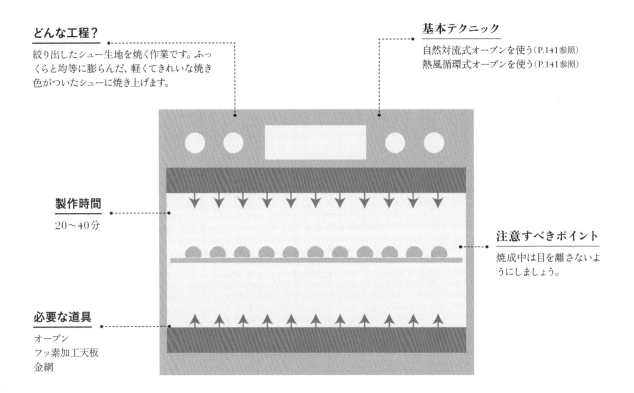

自然対流式オーブンと熱風循環式オーブンの熱は何が違うの？

自然対流式のオーブンでは上と下から熱が発生します。天板を2枚入れると熱の流れが変わってきれいに膨らまない原因になるので、生地に上下から均等に熱を加えるために、天板は1枚だけ入れることをお勧めします。
天板を2枚入れる時には、熱風循環式オーブンを使うと均等に焼成できます。天板の間を熱風が循環するので、各天板の上下に熱が加わります。

シューが焼成後も膨らんだ形を維持できるのはなぜ？

まず、生地を混ぜる時に発生したグルテン網が焼成中の水蒸気を抑え込むことで、生地が膨らみます。焼成後は、生地の中でゲル化した卵のタンパク質と糊化したデンプンが膨らんだ形を維持します。

シューが焼成後にしぼんでしまうのはなぜ？

生地が膨らむためには水分が必要ですが、卵の量が多すぎるとパナードの水分が多くなりすぎて（卵の75%は水分です）、生地が焼成中に広がってしまう傾向があります。

美しく仕上げるコツ

シューにきれいな焼き色がついて、全体的に軽くふっくらと膨らんだ：生地と焼成が成功した印です。

シューの形が不揃いでうまく膨らまなかった：卵の量が足りていません。残りの生地に卵を足して固さを調整しましょう。

焼成中に生地が塊のまま広がってしまった：卵の量が多すぎます。残りの生地を調整することはできません。

シューの形が不揃い：パナードの水分を飛ばしすぎました。生地の固さを調整しましょう。

1　オーブンを220℃に温めておく。熱風循環式オーブンなら一度に2枚の天板を入れられる。自然対流式オーブンなら天板は1枚ずつ入れて焼く。

2　天板を入れる時に、オーブンの温度を170℃に下げる。焼成20分後に、オーブンの扉を一瞬だけ開けて蒸気を外に逃がす。

3　シューに均等にきれいな焼き色がつくまで焼成を続ける。ひび割れした部分にも全体と同じような焼き色がついたら完成。

4　金網にのせて常温で冷ます。

FONDANT

フォンダン（糖衣）

どんなグラサージュ？

砂糖が半分結晶化した状態の白いペーストです。温めなおして使用します。

製作時間

下準備：1時間
加熱：15〜20分
寝かせ：24時間

保存方法

清潔な密閉容器に入れて冷蔵で1カ月。一度密閉して使用したものや風味や色をつけたものは、冷蔵で15日間保存できます。

主な用途

シュー生地を使ったお菓子やミルフイユなどのグラサージュ。

必要な道具

セルクル型
スタンドミキサー（ボウル、平面ビーター）
調理用温度計
泡立て器
刷毛
オーブンシート

注意すべきポイント

火加減
かく拌

手順

前日：フォンダンを作る
当日：使用する

基本テクニック

カードを使いこなす（P.138参照）

フォンダンが不透明になるのはなぜ？

冷めていく時に砂糖が結晶化することで不透明になります。

アドバイス

使う道具はきれいに洗って乾かしておきます。加熱している間は、水で湿らせた刷毛で鍋肌をこまめにぬぐいましょう。

材料 (1.5kg分
またはシュー80個分)

水：400g
グラニュー糖：1kg
水あめ：150g

1　シロップを作る。鍋に水とグラニュー糖を入れて火にかけ、グラニュー糖の結晶が完全に溶けて沸騰するまで、泡立て器で定期的にかき混ぜる。沸騰したら火から下ろし、水で湿らせた刷毛で鍋肌をきれいにぬぐってから、水あめを追加する。再び火にかけ、水あめが完全に溶けて混ざり合うまでかき混ぜる。
泡立て器を取り出し、鍋肌をもう一度きれいにしたら、シロップが118℃に達するまで一気に加熱する。

2　天板にオーブンシートを敷き、セルクル型をのせる。

3　水をつけた刷毛でオーブンシートの上をなぞって湿らせ、その上にシロップを注ぐ。固くならないように、シロップの表面も水で湿らせる。

4　シロップが37℃になるまでそのまま室温で冷ます。

5　スタンドミキサーのボウルにシロップを入れ、平面ビーターを取りつけて低速でかく拌する。シロップはまず半透明になり、その後、白っぽく結晶化する。カードを使って（P.138参照）、ボウルの側面についたシロップをこそぎ落としてボウルの中に戻し、さらに追加で2〜3分かく拌する。密閉容器に移し、表面にオーブンシートを当ててふたをする。

6　使用前に24時間そのまま寝かせて完全に結晶化させる。

UN CHOU

グラッセー・アン・シュー（シューに上がけする）

どんなテクニック？

焼き上がったシューを薄い
グラサージュでコーティング
し、色や風味、食感などを
つけ加える作業です。

必要な道具

調理用温度計
木べら

製作時間

下準備：15分
加熱：10分

注意すべきポイント

全体に均一にコーティング
しましょう。

基本テクニック

シロップを作る（P.139参照）
湯煎にかける（P.141参照）

温めなおす時の温度が高過ぎるとどうなるの？

つやがなくなり、しばらくすると
割れてしまいます。

フォンダンがシューにくっつくのはなぜ？

冷える時に中の砂糖が結晶化
するからです。

アドバイス

エクレールの上がけは、へらを使って
行うこともできます。ボウルの中のグラ
サージュをへらですくい上げ、そのまま
上からリボン状に垂らします。リボン
がエクレールと同じくらいの長さに垂
れ下がったら、もう片方の手でエクレー
ルを持ち、さっとリボンの下にくぐらせ
て全体に均一に上がけしましょう。

フォンダン調整用シロップの材料

水：85g
グラニュー糖：105g

1　フォンダンを温めなおす時に、固さを調整するためのシロップを作る。水とグラニュー糖を鍋に入れて火にかけ、グラニュー糖の結晶がよく溶けるようにへらでかき混ぜながら沸騰させる。冷まして使用する。

2　フォンダンを使用する時は、まず固くなった表面を溶かすために、水を直接表面に流し込む。数分そのままにしたのち、水を捨て表面の水分をぬぐいとる。

3　必要な分量を取り出し、32〜35℃の湯煎にかけて温めなおす。フォンダンが固すぎる時は、調整用のシロップを一度に少量ずつ加え、ゆっくりとかき混ぜてなめらかにする。

4　フォンダンは定期的に何秒か湯煎にかけてかき混ぜて、温度を一定に保つようにする。

シューの上がけ

シューを逆さに持ってフォンダンに浸し、1/4回転させてしっかりと密着させる。取り出して余分な量を指でぬぐいとる。同じく指で周囲をぬぐって縁をきれいにする。

エクレールやグランの上がけ

逆さにしてフォンダンに浸し、そのままゆっくりと左右に動かして表面全体にフォンダンをつける。一方の端をそっと持ち上げ、余分な量を指でぬぐいとる。同じく指で周囲を均一に整える。

CRAQUELIN

クラクラン（クッキー生地）

どんな生地？

円形にカットしたバターベースの薄いクッキー生地です。クラクランを上にのせると、シューが均等に焼き上がり、サクサクした食感を生み出します。

製作時間

下準備：15分
冷凍：1時間以上

基本テクニック

生地を伸ばす
（アベセ、P.138参照）

必要な道具

抜き型
スタンドミキサー
（ボウル、平面ビーター）
麺棒
オーブンシート

保存方法

冷凍で3週間保存できます。

美しく仕上げるコツ

均等な厚みに仕上げるためには、2mmの厚みの棒やアクリルルーラーなどを使うと便利です。オーブンシートで挟んだ生地の左右に置いて、その高さに沿って麺棒で生地を伸ばしましょう。

クラクランはどんなふうにシュー生地の焼成を助けるの？

クラクランはバターを使った生地です。焼成中、バターをのせた部分の生地の表面は、のせていない部分に比べて温度が高くなります（揚げ物の要領）。生地は中に含まれる水分が蒸発することで膨らみますが、この表面の高温はその効果を高め、シューが均等にふっくらと焼き上がるのを助けます。

クラクランを使用前に冷凍するのはなぜ？

シュー生地にのせやすくするためと、温度を下げて焼成中に溶けるのを遅らせるためです。

材料

バター：50g
カソナード（ブラウンシュガー）：60g
薄力粉：50g

1　ボウルにポマード状にしたバター、カソナード、薄力粉を入れる。

2　平面ビーターを取りつけたスタンドミキサーで混ぜる。

3　全体が均一に混ざったら、生地を2枚のオーブンシートで挟み、麺棒で2mmの厚さに伸ばす。

4　使用前に最低1時間は冷凍し、絞り出したシュー生地の大きさに合わせて、抜き型で円形にカットする。

5　シュー生地の上にのせて焼成する。

PÂTISSIÈRE DIPLOMATE

クレーム・パティシエール／クレーム・ディプロマット
（カスタードクリーム／カスタードホイップクリーム）

どんなクリーム？

クレーム・パティシエール（カスタードクリーム）は、牛乳、卵黄、砂糖を加熱して作るクリームです。濃厚な質感で、バニラで風味をつけるのが定番です。クレーム・パティシエールにゼラチンとクレーム・モンテ（泡立てた生クリーム）を加えると、クレーム・ディプロマット（カスタードホイップクリーム）になります。

製作時間

下準備：20分
加熱：牛乳1リットルにつき3分
冷蔵：6時間（完全に冷めるまで）

必要な道具

泡立て器
ゴムべら

注意すべきポイント

クリームの加熱温度

基本テクニック

生クリームを泡立てる
（P.139参照）
卵黄を白っぽくなるまで泡立てる
（P.140参照）
ゼラチンを戻す（P.141参照）

主な用途

シュー・ア・ラ・クレーム、エクレール、ルリジューズ、ミルフイユなどのフィリング

手順と保存方法

前日：クレーム・パティシエールを作る
当日：クレーム・パティシエールを使用する、あるいはクレーム・ディプロマットを作る
ラップでふたをして冷蔵で3日間保存できます。

加熱するともったりした質感になるのはなぜ？

材料の1つであるコーンスターチはトウモロコシのデンプンの粉で、加熱すると糊化するためです。また、卵黄のタンパク質が凝固することも生地がもったりする要因の1つです。

薄力粉ではなくコーンスターチを使うのはなぜ？

コーンスターチを使うとやや軽めの仕上がりになるので、このクリームを作るのに適しています。薄力粉には小麦のデンプンとグルテンが含まれているため、より重くて弾力のある仕上がりになります。

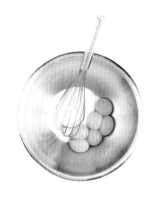

クレーム・パティシエール
（400g分）

牛乳：250g
卵黄：50g（卵3〜4個）
グラニュー糖：60g
コーンスターチ：25g
バター：25g

1　牛乳を鍋に入れて火にかける。

2　1と同時進行で、卵黄にグラニュー糖を加えて白っぽくなるまで泡立てる（P.140参照）。コーンスターチを加えて混ぜる。

3　1の牛乳が沸騰したら、半量を2に加えて泡立て器で混ぜる。鍋に戻し、しっかりとかく拌しながら強火で加熱する。

4　とろみがつき、沸騰してからさらに45秒ほど加熱し（牛乳1リットルにつき3分とする）、鍋を火から下ろす。

5　鍋にバターを加えて混ぜる。バットに移して平らにならし、ラップでふたをする。完全に冷めるまで6時間ほど冷蔵してから使用する。

クレーム・ディプロマット
（500g分）

板ゼラチン：4g
クレーム・パティシエール：400g
生クリーム：100g

1　板ゼラチンを冷水で戻す（P.141参照）。クレーム・パティシエールの5の工程で、バターを加えた後で水気を切ったゼラチンを加えて混ぜ、完全に冷ます。

2　生クリームを固めに泡立ててクレーム・モンテを作り（P.139参照）、使うまで冷蔵庫に入れておく。クレーム・パティシエールをしっかりとかく拌してなめらかにし、クレーム・モンテの半量を加え、泡立て器で混ぜる。

3　残りのクレーム・モンテを加え、ゴムべらでさっくり合わせる。

CRÈME
AU BEURRE

クレーム・オ・ブール（バタークリーム）

どんなクリーム？

アパレイユ・ア・ボンブ（卵に熱いシロップを加えて泡立てたふんわりしたクリーム）にバターを加えた、とろけるような舌触りのなめらかなクリーム。クレーム・パティシエール（カスタードクリーム）と同様に、多くの伝統菓子に使われています。

製作時間

下準備：30分
加熱：10分

必要な道具

スタンドミキサー（ボウル、ワイヤーホイップ）またはハンドミキサー
調理用温度計
ゴムべら

主な用途

ブッシュ・ド・ノエル、オペラ、モカ、ルリジューズなどのケーキのクリーム

応用

カップケーキのトッピング

ヴァリエーション

バターにムラング・イタリエンヌを加えるレシピもあります。よりしっかりした食感に仕上がります。
バニラのバタークリーム：仕上げにバニラ・エッセンス5gを加えます。
コーヒーのバタークリーム：仕上げにコーヒー・エッセンス30gを加えます。
チョコレートのバタークリーム：仕上げに溶かしたチョコレート80gを加えます。

注意すべきポイント

シロップの温度
バターをムラなく混ぜ込む

基本テクニック

シロップを作る（P.139参照）
バターをポマード状にする（P.140参照）

手順と保存方法

バターを冷蔵庫から出す⇒卵を泡立てる⇒シロップを作る⇒バターを混ぜ込む
でき立てを使用するのがベストですが、密閉容器に入れれば冷蔵で3日間、冷凍で3カ月保存できます。

砂糖が115℃の温度に達すると、卵にどのように作用するの？

砂糖を115℃に煮詰めると、シロップの水分の一部が蒸発します。熱いシロップに触れると、卵のタンパク質の一部が変質、つまり、その構造が変化します。この変化は、卵と砂糖の濃度が増していくことでわかります。

美しく仕上げるコツ

ポマード状になるように、バターを3時間前（夏は1時間前）に冷蔵庫から出しておきます。バターと卵は、混ぜる時に同じ温度にしておく必要があります。クリームが分離して粒状になってしまったら、容器に詰めて冷凍庫に入れ、縁の部分が固くなるまで冷やします。その後、ガスバーナーで少し温めながら、ミキサーにかけます。

材料（450g分）

全卵：100g（卵2個）
水：40g
グラニュー糖：130g
バター：200g

1　ボウルに卵を入れ、3倍のボリュームになるまでミキサーで泡立てる。

2　小鍋に水とグラニュー糖を入れてシロップを作る（P.139参照）。115℃になるまで加熱する。

3　1にシロップを糸状に垂らして少しずつ加えながら、しっかり泡立てる。もったりとなめらかになり冷めるまで泡立て続ける。

4　冷めたらポマード状にしたバターを少しずつ加えて混ぜ続ける。好みでクリームに香りづけをする。

CRÈME
ANGLAISE

クレーム・アングレーズ（カスタードソース）

ヴァリエーション

カラメルのクレーム・アングレーズ：グラニュー糖60gでカラメル・ア・セックを作ります（残りのグラニュー糖20gは卵黄を泡立てる時に使います）。カラメルを牛乳でのばしてから、基本レシピと同じ要領でクリームを作ります。
スパイス風味のクレーム・アングレーズ：スターアニス1片、カルダモン10粒、シナモン1本を温めた牛乳に浸して香りを抽出してから、同じ要領でクリームを作ります。

どんなクリーム？

卵黄と牛乳で作るカスタードソースで、バニラ風味が定番です。

製作時間

下準備：30分

必要な道具

調理用温度計
シノワ
泡立て器
ゴムべら

主な用途

イル・フロッタント
（クレーム・アングレーズにメレンゲを浮かせたお菓子）
お菓子に添えるソース、アイスクリームのベース

基本テクニック

卵黄を白っぽくなるまで泡立てる
（P.140参照）
シノワでこす
（P.141参照）

注意すべきポイント

火加減

保存方法

冷蔵で3日間保存できます。

応用

クレーム・バヴァロワーズ（バヴァロワ・クリーム）
ガナッシュ・クレムーズ（クリーミー・ガナッシュ）

美しく仕上げるコツ

クリームが凝固し始めたら、きれいなボウルに移してかく拌し、シノワでこします。

クリームの温度に特に注意しないといけないのはなぜ？

加熱すると卵のタンパク質が凝固し、クリーム状になります。温度が85℃を超えると、タンパク質が凝固しすぎて、とろみのある液体状ではなく、半固形状になってしまいます。

材料（650g分）

卵黄：100g（卵5〜6個）
グラニュー糖：80g
バニラビーンズ：1本
牛乳：500g

1　卵黄にグラニュー糖を加えて、白っぽくなるまで泡立てる（P.140参照）。

2　バニラビーンズのさやを縦2つに割って種をこそぎ取る。鍋に牛乳とバニラビーンズの種とさやを入れ、沸騰させる。

3　2が沸騰してきたら、すぐにその半分を1に注ぎ、泡立て器で優しく混ぜ合わせる。よく混ざったら、2の鍋に戻し入れる。

4　中火にかけ、絶えず混ぜながらとろみが出るまで煮詰める。ゴムべらに取り、指でなぞると跡が残るようになったら火から下ろす（最高で85℃まで）。シノワでこして（P.141参照）、冷蔵庫で保存する。

GANACHE
MONTÉE

ガナッシュ・モンテ（泡立てたガナッシュ）

どんなクリーム？

チョコレート風味の、とろりとした食感のクリーム。使用直前に泡立てて空気を含ませます。

ヴァリエーション

ホワイトチョコレートの代わりにミルクチョコレートを使ってもよいでしょう。

基本テクニック

シノワでこす（P.141参照）
ラップでふたをする
（P.141参照）
ゼラチンを戻す（P.141参照）

製作時間

下準備：15分
加熱：5分
冷蔵：6時間以上
　　（24時間がベスト）

手順

前日：ガナッシュを作る
当日：ガナッシュを
　　　泡立てる

必要な道具

スタンドミキサー
（ボウル、平面ビーター）
シノワ
泡立て器

アドバイス

用途に応じてチョコレートの量を変更してもよいでしょう。チョコレートの量を減らす場合、生クリームの半量だけを温めてチョコレートを混ぜ合わせ、残りの生クリームと合わせます。そうすることで製作時間が短縮できます。

注意すべきポイント

ガナッシュが分離しないよう気をつけて泡立てましょう。

泡立てる前にガナッシュを冷やしておくのはなぜ？

ガナッシュはしっかり冷やしておかないと泡立ちません。そうしないと、生クリームやチョコレートの乳脂肪分が、混ぜた時にできる空気の泡を安定させることができないからです。ゼラチンを入れても全体がまとまらなくなり、材料がすべて無駄になってしまう恐れがあります。

材料（350g分）

板ゼラチン：2g
バニラビーンズ：2本
生クリーム：230g
ホワイトチョコレート：150g

1　板ゼラチンを冷水で戻す（P.141参照）。

2　バニラビーンズのさやを縦2つに割って種をこそぎ取る。生クリーム、バニラビーンズの種とさやを鍋に入れ、火にかける。

3　沸騰したら火から下ろし、水気を切ったゼラチンを加えて混ぜる。シノワでこしながら（P.141参照）、ボウルに入れたホワイトチョコレートの上に注ぐ。

4　1分待ってから泡立て器でかき混ぜる。ラップでふたをして（P.141参照）6時間以上（24時間がベスト）冷蔵庫に入れる。

5　しっかり冷やした4のガナッシュを、平面ビーターを取りつけたスタンドミキサーの低速〜中速でふんわりするまで泡立てる。泡立てすぎると分離するので気をつける。

CRÈME
CITRON

クレーム・シトロン（レモンホイップクリーム）

どんなクリーム？
レモン果汁またはライム果汁、砂糖、卵、バターで作るレモンクリームと、泡立てた生クリーム（クレーム・モンテ）を合わせた軽いクリーム。

保存方法
生クリームと合わせる前のレモンクリームは、ゼラチンを加えることで冷凍で3カ月、生クリームと合わせた後は、冷蔵で3日間保存できます。

製作時間
下準備：30分
加熱：5〜8分
冷蔵：6時間以上

ヴァリエーション
レモン果汁にミントやレモンバーベナの葉を加えて香りづけをしてもよいでしょう。

必要な道具
ミキサー
搾り器
おろし器
（マイクロプレイン社のフードグレーターなど）

アドバイス
シリコンモールドなどに入れて冷凍しておく場合、戻したゼラチン2gを加熱の最後に加えましょう。

基本テクニック
生クリームを泡立てる
（クレーム・モンテ、P.139参照）
ゼラチンを戻す（P.141参照）

手順
前日：レモンクリームを作る
当日：生クリームと合わせる

仕上がりがクリーミーになるのはなぜ？
材料（レモン果汁、砂糖、卵）を加熱することで、卵のタンパク質が凝固し、とろみとコクが生まれます。これにバターを加えることで乳化が起こり、クリーミーな仕上がりになるのです。

冷凍する場合にゼラチンを加えるのはなぜ？
乳化を維持するためです。ゼラチンの主成分は界面活性作用を持つタンパク質で、冷凍や解凍時にも乳化を安定させることができます。

材料（700g分）

ライム表皮：2個分
ライム果汁：140g（ライム5個）
全卵：200g（卵4個）
グラニュー糖：160g
バター：100g
板ゼラチン：2g
生クリーム：100g

1　ライム2個の表皮をおろし器ですりおろす。ライムを手のひらで台に押しつけながら転がして柔らかくしてから、搾り器で果汁を140g搾る。

2　ボウルに卵を割り入れ、泡立て器で軽く混ぜる。小鍋に1のライム果汁とグラニュー糖を入れて火にかける。沸騰したらすぐに火から下ろし、混ぜた卵に少しずつ注ぐ。注ぎながら泡立て器でしっかりと混ぜて、卵に火が通らないように気をつける。

3　2を鍋に移して火にかけ、泡立て器で混ぜながら加熱する。

4　沸騰が始まったら火から下ろし、バターとゼラチンを加え、泡立て器で混ぜる。1のライム表皮を加え、ミキサーに入れて2〜3分かく拌する。冷めてから冷蔵庫に入れ、使用するまで保存する。

5　生クリームを固めに泡立ててクレーム・モンテを作る（P.139参照）。4のクリームを軽く泡立て、クレーム・モンテの1/3の量を加えてしっかりと混ぜ合わせる。残りのクレーム・モンテを加え、やさしく混ぜ合わせる。

CHANTILLY

シャンティイ（砂糖を加えて泡立てた生クリーム）

ヴァリエーション

シャンティイ・プラリネ（プラリネ風味）：
プラリネペーストを30g加えます。
シャンティイ・ピスターシュ（ピスタチオ風味）：
ピスタチオペーストを10g加えます。
シャンティイ・マスカルポーネ（マスカルポーネチーズ入り）：
マスカルポーネチーズを大さじ1杯加えます
（ふつうのシャンティイより固くて濃厚なシャンティイになります）。

どんなクリーム？

砂糖を加えて作るクレーム・
モンテ（P.139参照）。乳脂肪
分30%以上の生クリームを
使います。フレーバーをつけ
ることもできます。

製作時間

冷蔵：30分
下準備：15分

美しく仕上げるコツ

乳脂肪分の結合を安定
させるため、生クリーム
と道具をあらかじめ冷
やしておきます。

必要な道具

スタンドミキサー
（ボウル、ワイヤーホイップ）
またはハンドミキサー

主な用途

焼き菓子のフィリング
お菓子に添える

手順と保存方法

道具を冷やす⇒生クリームを
泡立てる
冷蔵で3日間保存できます。
泡が沈んでも、もう一度泡立て
れば元に戻ります。

材料（550g分）

生クリーム：500g
粉糖：80g

1　生クリームと道具を冷蔵庫に30分入れ
ておく。冷やした生クリームと粉糖をスタン
ドミキサーのボウル（またはふつうのステンレス製
のボウル）に入れる。

2　スタンドミキサー（またはハンドミキサー）を
低速にして、生クリームと粉糖を混ぜ込む。

3　スタンドミキサー（またはハンドミキサー）を
最速にして、きめ細かくもったりするまで泡
立てる。すぐに使わない場合は冷蔵庫で保
存する。

GLAÇAGE CHOCOLAT
AU LAIT

グラサージュ・ショコラ・オ・レ
（ミルクチョコレートの上がけ）

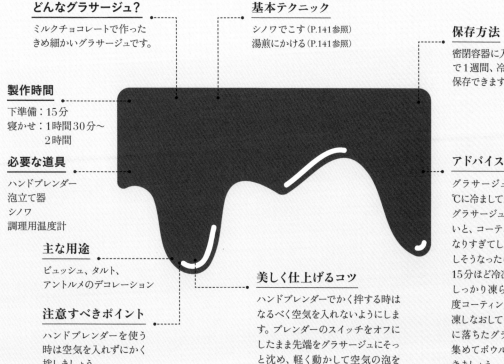

どんなグラサージュ？

ミルクチョコレートで作った
きめ細かいグラサージュです。

基本テクニック

シノワでこす（P.141参照）
湯煎にかける（P.141参照）

保存方法

密閉容器に入れて、冷蔵
で1週間、冷凍で1カ月
保存できます。

製作時間

下準備：15分
寝かせ：1時間30分～
　　　　2時間

必要な道具

ハンドブレンダー
泡立て器
シノワ
調理用温度計

アドバイス

グラサージュは35～40
℃に冷ましてから使います。
グラサージュの温度が高
いと、コーティングが薄く
なりすぎてしまいます。も
しそうなったら、お菓子を
15分ほど冷凍庫に入れて、
しっかり凍らせてから再
度コーティングします。冷
凍しなおしている間に、下
に落ちたグラサージュを
集めてボウルに戻してお
きましょう。

主な用途

ビュッシュ、タルト、
アントルメのデコレーション

美しく仕上げるコツ

ハンドブレンダーでかく拌する時は
なるべく空気を入れないようにしま
す。ブレンダーのスイッチをオフに
したまま先端をグラサージュにそっ
と沈め、軽く動かして空気の泡を
外に追い出します。スイッチを入れ
たらブレンダーを動かさず、そのま
ま30秒～1分ほどかく拌します。

注意すべきポイント

ハンドブレンダーを使う
時は空気を入れずにかく
拌しましょう。

材料（550g分）

ミルクチョコレート：250g
ブラックチョコレート：90g
生クリーム：225g
トリモリン（転化糖）
またはハチミツ：40g

1　2種類のチョコレートを合わせて湯煎で
溶かす（P.141参照）。

2　生クリームとトリモリンを火にかけて沸
騰させ、泡立て器で混ぜる。

3　1のボウルを湯煎から下ろし、2を注い
で泡立て器で混ぜる。なるべく空気を入れな
いようにしながらハンドブレンダーでかく拌
する。シノワでこす。常温で1時間30分～2
時間ほど置いて、35～40℃になるまで冷ます。

RAPIDE
PÂTE FEUILLETÉE

パート・フイユテ・ラピッド
（時短折り込みパイ生地）

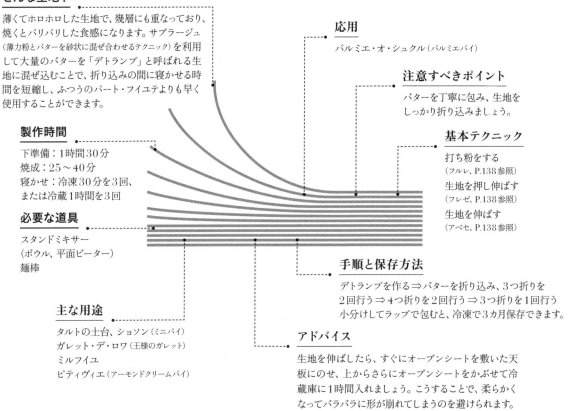

どんな生地？
薄くてホロホロした生地で、幾層にも重なっており、焼くとパリパリした食感になります。サブラージュ（薄力粉とバターを砂状に混ぜ合わせるテクニック）を利用して大量のバターを「デトランプ」と呼ばれる生地に混ぜ込むことで、折り込みの間に寝かせる時間を短縮し、ふつうのパート・フイユテよりも早く使用することができます。

製作時間
下準備：1時間30分
焼成：25～40分
寝かせ：冷凍30分を3回、
または冷蔵1時間を3回

必要な道具
スタンドミキサー
（ボウル、平面ビーター）
麺棒

主な用途
タルトの土台、ショソン（ミニパイ）
ガレット・デ・ロワ（王様のガレット）
ミルフイユ
ピティヴィエ（アーモンドクリームパイ）

応用
パルミエ・オ・シュクル（パルミエパイ）

注意すべきポイント
バターを丁寧に包み、生地をしっかり折り込みましょう。

基本テクニック
打ち粉をする
（フルレ、P.138参照）
生地を押し伸ばす
（フレゼ、P.138参照）
生地を伸ばす
（アベセ、P.138参照）

手順と保存方法
デトランプを作る⇒バターを折り込み、3つ折りを2回行う⇒4つ折りを2回行う⇒3つ折りを1回行う
小分けしてラップで包むと、冷凍で3カ月保存できます。

アドバイス
生地を伸ばしたら、すぐにオーブンシートを敷いた天板にのせ、上からさらにオーブンシートをかぶせて冷蔵庫に1時間入れましょう。こうすることで、柔らかくなってバラバラに形が崩れてしまうのを避けられます。

薄い層状の生地ができるのはなぜ？
生地の層の間にバターの層を挟み込むことで、焼成時に蒸発した生地の水分がバターの層の中に閉じ込められます。その蒸気が生地の層を膨らませるのです。

デトランプを冷蔵庫で寝かせるのはなぜ？
小麦粉に水を加えると、小麦粉のデンプン粒が膨らみます。このデンプン粒の間にバターが入り込むと、小麦粉のタンパク質がグルテン網を形成します。グルテン網が形成されると生地に弾力がついて固くなりますが、冷蔵庫で寝かせることで柔らかくなり、扱いやすくなるのです。

材料（1.2kg分）

デトランプ用
薄力粉：250g
強力粉：250g
塩：10g
バター：200g
水：260g
酢（ホワイトビネガー）：10g
折り込み用
バター：200g

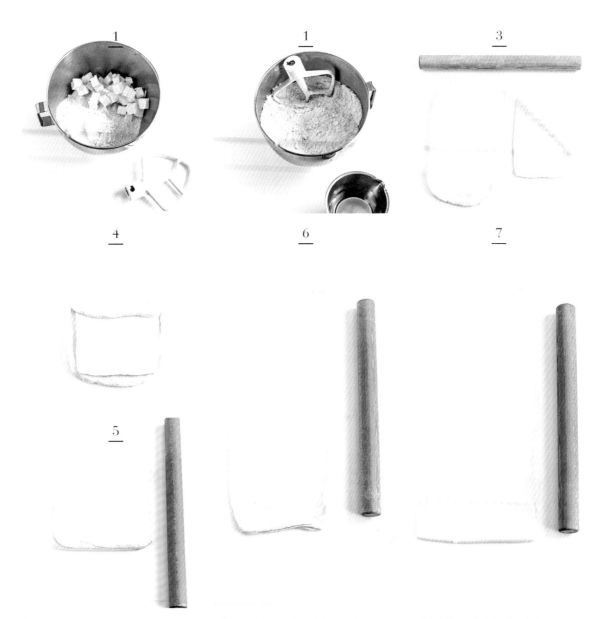

1　デトランプを作る。スタンドミキサーのボウルに、ふるい合わせた薄力粉と強力粉、塩、小さくカットしたバターを入れる。平面ビーターを取りつけ、低速で全体が砂状になるまで混ぜる。水と酢を加え、全体が均一にまとまるまで混ぜる。

2　生地を取り出し、必要に応じて打ち粉をした作業台の上で1～2回生地を押し伸ばす（P.138参照）。ボール状にまとめてラップで包み、冷凍庫に30分入れる。

3　デトランプを取り出し、打ち粉をした台の上で、麺棒で60×25cmほどの長方形に伸ばす。折り込み用のバターは、2枚のオーブンシートで挟み、麺棒で叩いて40×25cmほどの長方形に伸ばす。

4　1回目の3つ折りを行う。デトランプの上に手前を揃えて折り込み用のバターをのせる。デトランプの奥から1/3を手前へ、バターの中心ほどまで折り曲げる。その上に、デトランプにバターがのった手前の部分を一緒に折り曲げて重ねる。これで1回目が終了。麺棒で生地の中心から外側に向かって軽く伸ばす。

5　2回目の3つ折りを行う。生地を時計回りに90度回転させる。手前の端から3cmのところに麺棒を置いて軽く押す。奥から3cmのところも同様にする。外側から中心に向かって、数センチごとに同じように麺棒で生地を押さえる。こうすることで、生地同士がなじんで伸ばしやすくなる。台に打ち粉をして、長さ60cmほどの帯状に生地を伸ばし、4と同じように3つ折りにする。ラップに包んで冷凍庫に30分入れる。

6　生地を取り出す。台に打ち粉をして、5と同様にして長さ80cmほどの帯状に生地を伸ばす。

7　1回目の4つ折りを行う。手前から10cmを折り曲げ、麺棒で軽く押さえる。生地の奥から手前へ、先に10cm折り曲げた生地の端まで折り曲げる。端と端をきちんと揃えて、重なり合わないようにする。麺棒で軽く押さえる。さらに奥から手前に半分に折り曲げる。中心から外側に向かって、麺棒で軽く生地を伸ばす。生地を時計回りに90度回転させ、6～7と同様に2回目の4つ折りを行う。

8　ラップに包んで冷凍庫に30分入れる。取り出して3つ折りを1回行う（生地を折る作業は全部で5回）。

PÂTE SABLÉE

パート・サブレ（サブレ生地）

どんな生地？
ほろほろとした食感の生地です。

注意すべきポイント
砕けやすい生地なので扱いに
気をつけましょう。

基本テクニック
打ち粉をする（フルレ、P.138参照）
生地を押し伸ばす
（フレゼ、P.138参照）
生地を伸ばす（アベセ、P.138参照）

製作時間
下準備：15分
焼成：25〜35分
寝かせ：6時間以上
　　　　（24時間がベスト）

手順と保存方法
前日：生地を作る
当日：敷き込みと焼成
ラップに包んで冷凍で
3カ月保存できます。

必要な道具
直径24cmの
タルト用セルクル型
スタンドミキサー
（ボウル、平面ビーター）
麺棒

主な用途
タルトやアントルメの土台

アドバイス
生地を伸ばす前に、温めずに柔
らかくするには、麺棒で軽く叩く
とよいでしょう。
生地を敷き込む前に、セルクル型
の内側に薄くバターを塗ります。
糊の役割を果たして生地の縁が
落ちにくくなる上、焼成後に型か
らはずしやすくなります。

応用
ミニサブレ（ビスケット）

ほろほろ、サクサクした食感の生地になるのはなぜ？
薄力粉とバターを混ぜ合わせて、生
地を砂状にするからです（サブラージュ）。
材料同士の結合がゆるいため、グル
テン網の形成が抑えられ、粘りや弾
力が出にくくなります。また、糖分が
乳脂肪に溶けきらずに一部が結晶状
のまま残ることでも、サクサクした食
感がもたらされます。

焼成時に生地の端が落ちやすいのはなぜ？どうしたら避けられるの？
オーブンで焼くと、生地に含まれるバター
が溶けて、生地自体も柔らかくなります。
そのため、型に敷き込んで垂直になった端
が落ちやすくなるのです。それを避けるた
めに、焼成前に生地を冷蔵庫に入れてお
きましょう。生地を冷やし固めることでバ
ターが柔らかくなりにくくなり、形をきれい
に保ったまま焼き上げることができます。

材料（直径24cmのタルト用セルクル型1台分、または、直径8cmのタルト用セルクル型8個分）
バター：70g
薄力粉：200g
塩：1g
粉糖：70g
全卵：60g（卵大1個）

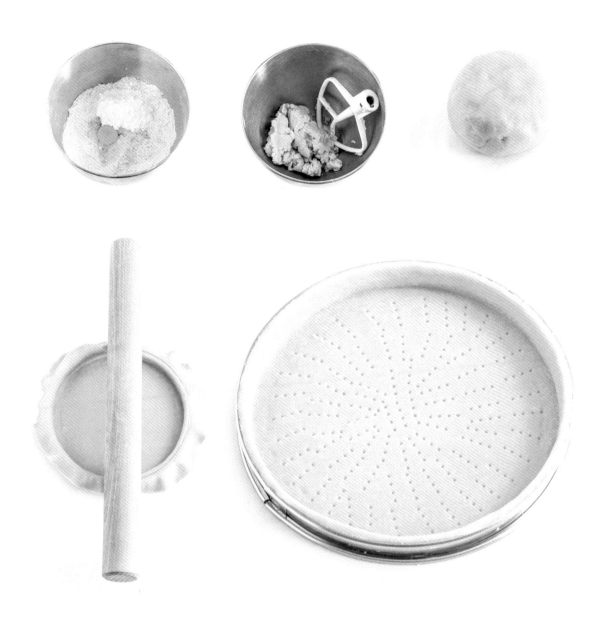

1　小さくカットしたバターをスタンドミキサーのボウルに入れ、薄力粉と塩を加える。平面ビーターで最速でかく拌し、粗めの砂状にする。

2　粉糖と卵を加え、均一になるまで混ぜる。必要に応じて、台の上で1〜2回生地を手のひらで押し伸ばす（フレゼ、P.138参照）。生地をこねすぎると、ほろほろした食感が失われると同時に、焼成時に縮みやすくなってしまうので注意する。

3　生地を平らにしてラップで包み、冷蔵庫に6時間以上（24時間がベスト）入れる。

4　取り出した生地と作業台の上に打ち粉をする。麺棒で生地を叩いて柔らかくし、優しく均等に押し伸ばして2〜3mmの厚みにする。必要に応じて打ち粉をする。伸ばした生地を麺棒で巻きとり、セルクル型の上にのせる。型の内側にはあらかじめバターを塗っておく。生地の上から力をかけないように気をつける。一方の手で生地の縁を持ち上げて、セルクル型の高さに合わせた側面を作る。もう一方の手でその側面を型に慎重に沿わせていき、底と側面が直角になるように敷き込む。型の上に麺棒を転がし、余分な生地をカットする。

5　オーブンを170℃に温めておく。生地の底をフォークの先でピケする。オーブンで25〜35分焼く。途中で型からはずし、底と同じように側面もきれいに色づくまで焼き上げる。

GIANDUJA

プラリネペースト／ジャンドゥーヤ

どんなペースト？

プラリネペーストは同量のナッツと砂糖を合わせて柔らかいペースト状にしたものです。それにチョコレートを合わせたものがジャンドゥーヤです。

製作時間

下準備：30分
加熱：30〜45分
寝かせ：2時間

必要な道具

フードプロセッサーまたはミキサー
調理用温度計
ゴムべら
オーブンシート

基本テクニック

シロップを作る（P.139参照）
ナッツをローストする（P.139参照）
湯煎にかける（P.141参照）

保存方法

密閉容器に入れて湿気の少ない冷暗所で数週間保存できます。

ヴァリエーション

プラリネは、ナッツを多め、砂糖を少なめにしてもよいでしょう（ナッツ70％で砂糖30％など）。

注意すべきポイント

ナッツのカラメリゼ
プラリネの粉砕

アドバイス

フードプロセッサーの馬力に応じて、一度に粉砕するナッツの量を加減しましょう。もし機械が熱を帯びたら、スイッチを止めて数分待ってから再開します。

美しく仕上げるコツ

カラメリゼする時に砂糖を焦がさないよう、時々鍋を火から下ろしてかき混ぜましょう。

プラリネペースト

ジャンドゥーヤ

プラリネペースト（600g分）

生アーモンド：150g
生ヘーゼルナッツ：150g
グラニュー糖：300g
水：120g

1　オーブンを170℃に温めておく。オーブンシートを敷いた天板に生アーモンドと生ヘーゼルナッツを広げ、15〜20分ローストする（P.139参照）。グラニュー糖と水を鍋に入れ、強めの中火で沸騰させる。さらに110℃になるまで加熱しシロップを作る（P.139参照）。

2　鍋を一度火から下ろして、1のナッツを加える。グラニュー糖が結晶化して白っぽくなるまでゴムべらでよく混ぜる。中火にかけ、結晶化したグラニュー糖とナッツが混ざってカラメル状になるまで、絶えずかき混ぜながら加熱する。オーブンシートを敷いた天板の上に広げ、室温で2時間おいて冷ます。

3　2をいくつかに割って少量ずつフードプロセッサーかミキサーにかけ、なめらかなペースト状にする。密閉容器で保存する。

ジャンドゥーヤ（450g分）

プラリネペースト：200g
生ヘーゼルナッツ：70g
生クルミ：70g
ブラックチョコレート（カカオ66%）：120g

1　ナッツをローストし（P.139参照）、冷ましてから細かく刻む。割ったチョコレートをボウルに入れ、湯煎にかけて溶かす（P.141参照）。

2　プラリネペーストをチョコレートに加えてゴムべらで混ぜ、さらに刻んだナッツを加えて混ぜ合わせる。

3　密閉容器で保存する。

CRUMBLE
CHOCOLAT

クランブル・ショコラ
（チョコレート風味のクランブル生地）

どんな生地？

チョコレートでコーティングされた、カリカリした食感の生地。ムースをベースにしたお菓子の食感のアクセントに。

製作時間

下準備：30分
加熱：15〜20分
寝かせ：2時間以上

必要な道具

麺棒
ゴムべら
オーブンシート

応用

クランブル・ショコラ・オ・レ
（ミルクチョコレート風味のクランブル生地）
クランブル・ショコラ・ブラン
（ホワイトチョコレート風味のクランブル生地）

基本テクニック

生地を伸ばす
（アベセ、P.138参照）
湯煎にかける（P.141参照）

保存方法

冷蔵で2日間、冷凍で3週間保存できます。

美しく仕上げるコツ

生地を均一な厚さにするには、5mmのアクリルルーラーを使うと便利です。オーブンシートの左右に置いて、その高さに沿って麺棒で生地を伸ばします。

材料（300g分）

アーモンドパウダー：50g
グラニュー糖：50g
薄力粉：50g
バター：50g
ブラックチョコレート：100g

1　オーブンを170℃に温めておく。アーモンドパウダー、グラニュー糖、薄力粉、バターを混ぜて、生地をそぼろ状にする。天板の上にオーブンシートを敷いて、その上に薄く伸ばす。オーブンに入れて、時々かき混ぜながら15〜20分焼く。全体が黄金色になったら取り出して冷ます。

2　ブラックチョコレートを割ってボウルに入れ、湯煎にかけて溶かす（P.141参照）。1の生地を砕いて加え、ゴムべらで混ぜる。

3　2枚のオーブンシートで2を挟んで、麺棒で5mmほどの厚さに伸ばす。冷蔵庫に入れて2時間以上寝かせる。

4　オーブンシートをはずし、ナイフで好みの大きさにカットする。

NOUGATINE
DÉCOR

ヌガティーヌ・デコール
（デコレーション用アーモンド入り飴菓子）

どんな飴菓子？
アーモンドと砂糖をベースにした
カリカリとした飴菓子です。

製作時間
下準備：20分
焼成：15分

必要な道具
金網
麺棒
ゴムべら
オーブンシート

ヴァリエーション
アーモンドスライスの代わりに、
刻んだヘーゼルナッツなど、ほか
のナッツを使ってもよいでしょう。

注意すべきポイント
鍋に最初に入れた材料の火加減
アーモンドとシロップの混ぜ方
天板に生地を均一に並べる

基本テクニック
生地を伸ばす
（アベセ、P.138参照）

保存方法
ラップでしっかり包んで冷凍で
3週間保存できます。

アドバイス
無糖ペクチンを使用すること
が大事です。混ぜた時にペク
チンがしっかり溶けるように、
あらかじめ粉糖の一部とペク
チンを混ぜておきましょう。

材料（250g分）
水：5g
バター：65g
水あめ：25g
粉糖：75g
NHペクチン（無糖）：2g
アーモンドスライス
またはアーモンドダイス：90g

1 オーブンを180℃に温めておく。水、
バター、水あめ、粉糖40gを入れた鍋を
中火にかけ、泡立て器でかき混ぜながら
溶かす。あらかじめペクチンと混ぜてお
いた残りの粉糖を加え、焦がさないよう
に気をつけながら全体が均一になるまで
煮詰める。

2 鍋を火から下ろし、アーモンドスラ
イスを加え、粉々にしないように注意し
ながらそっとゴムべらで混ぜ合わせる。

3 2をオーブンシート2枚で挟み、上
から麺棒で優しく伸ばし2mmほどの厚
さにする（P.138参照）。

4 天板にのせて上のオーブンシートを
はがし、オーブンに入れて15分ほど焼く。

5 黄金色になったらオーブンから出し、
金網にのせて冷ます。

NOUGATINE
PIÈCE MONTÉE

ヌガティーヌ・ピエス・モンテ
（デコレーションケーキ用ヌガティーヌ）

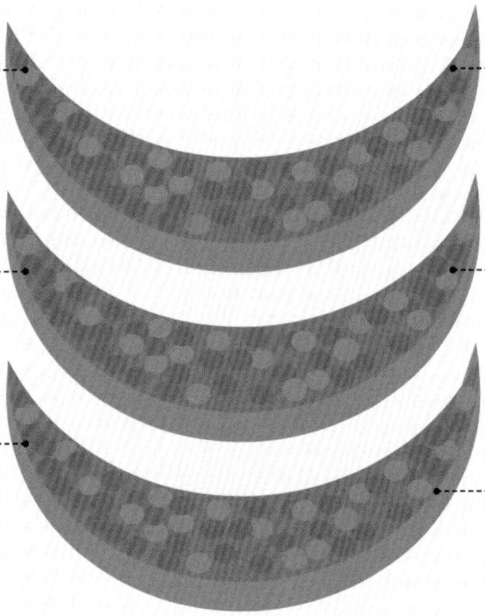

どんなお菓子？

カラメルとアーモンドで作ったヌガ
ティーヌで、冷めると固まり、いろいろ
な形に組み立てることができます。

製作時間

下準備：1時間30分
焼成：20分

必要な道具

直径22cmのアントルメ用セルクル型
直径18cmのアントルメ用セルクル型
直径7cmの抜き型
麺棒
ゴムべら
カード
オーブンシート

主な用途

土台とデコレーション

基本テクニック

生地を伸ばす
（アベセ、P.138参照）
ナッツをローストする
（P.139参照）

手順

前日：ヌガティーヌを作る
当日：パーツを組み立てる

ヴァリエーション

アーモンドの代わりにヘーゼルナッツ
を使用する。

アドバイス

ヌガティーヌが固まるのが早すぎた時
は、180℃のオーブンに数分間入れ
て柔らかくしましょう。

注意すべきポイント

カラメルの火加減
パーツの組み立て

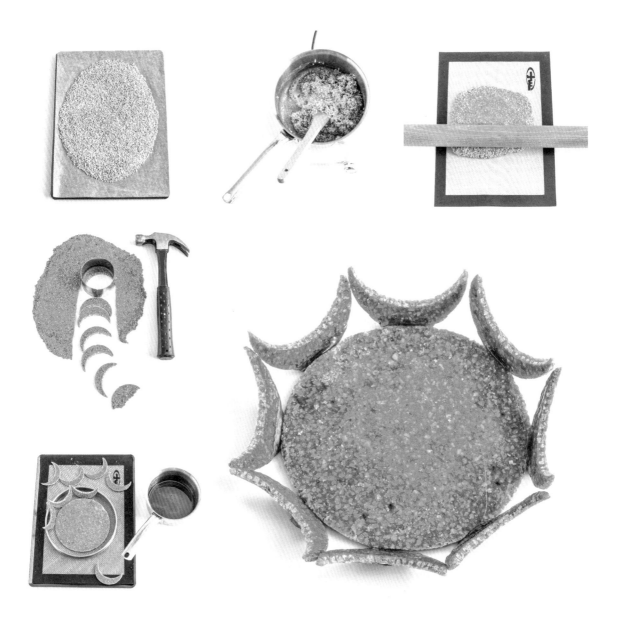

材料（800g分）

アーモンドダイスまたは
アーモンドスライス：250g
フォンダン（P.20参照）：300g
水あめ：250g

1　オーブンを170℃に温めておく。アーモンドダイスを天板に広げ、オーブンに入れて15分ほどローストする。

2　大きめの鍋にフォンダンと水あめを入れ、時々ゴムべらでかき混ぜながら強めの中火で加熱する。色が透きとおったらローストしたアーモンドダイスを加え、全体がまとまるまで混ぜる。オーブンシートの上に広げ、全体の温度が均一になるように、カードでヌガティーヌの端を中心に持ってきて折りたたむようにしてまとめる。

3　ヌガティーヌがべとつかなくなったらパーツを作る。表面に油を塗った麺棒で3〜4mmの厚さに伸ばす。直径18cmのア
ントルメ用セルクル型を使って円形にカットする。これが土台となる。

4　同様に直径7cmの抜き型を使って半月形にカットし、室温で冷まして固まるまで待つ。

5　カラメル・デコール（P.50参照）を作る。オーブンシートの上に直径22cmのアントルメ用セルクル型を置き、その中央に円形にカットしたヌガティーヌの土台を置く。半月形のパーツをカラメルに浸し、土台をぐるりと取り囲むように外側に貼りつけていく（カラメルが糊の役割を果たす）。固まったら、セルクル型から取り出す。

CARAMEL
DÉCOR

カラメル・デコール（デコレーション用カラメル）

どんなソース？
水、砂糖、水あめで作る
ふつうのカラメルです。

注意すべきポイント
火加減

製作時間
下準備：20分
加熱：15分
寝かせ：3分

保存方法
作りすぎてしまったカラメルは、
オーブンシートに広げておきま
しょう。室温で1週間保存でき
ます。使用する時は小さく割っ
て鍋に入れ、ゆっくり溶かして
戻します。

必要な道具
調理用温度計
刷毛

アドバイス
温度が正確にわかるように、調
理用温度計はシロップの中心
に入れ、鍋底や鍋肌に触れな
いようにしましょう。

主な用途
シュー菓子の上がけ

水あめはどんな役割をするの？
加熱した時に砂糖が固まりになって再結晶化しようとするのを防いでくれます。種を
まいたようにばらばらと散らばるので、冷える時にできる砂糖の結晶がすべて同じ形
になります。

カラメルが冷えると固まるのはなぜ？
冷める段階で砂糖が結晶化するからです。

材料（600g分）

水：125g
グラニュー糖：500g
水あめ：100g

1　鍋に水を注ぎ、グラニュー糖をそっと加える。鍋肌に飛び散らないように気をつける。火にかけて沸騰させ、水あめを加える。

2　加熱中は決して混ぜないこと。鍋肌に飛び散ったシロップは、湿らせた刷毛で適宜ぬぐう。160℃になったら火から下ろし、冷水をはったボウルに鍋底をつけて冷ます。

3　カラメルは固まるのが早いので、すぐに使用する。何度も温めなおして使用することができるが、その都度、色は濃くなっていく。

SAUCE AU
CARAMEL

ソース・オ・カラメル（カラメルソース）

どんなソース？

ふつうのカラメルよりも濃厚なカラメル・ア・セックをベースに、砂糖と生クリームを加えて作ったソースです。

注意すべきポイント

火加減

製作時間

下準備：20分
加熱：5分
冷蔵：6時間以上

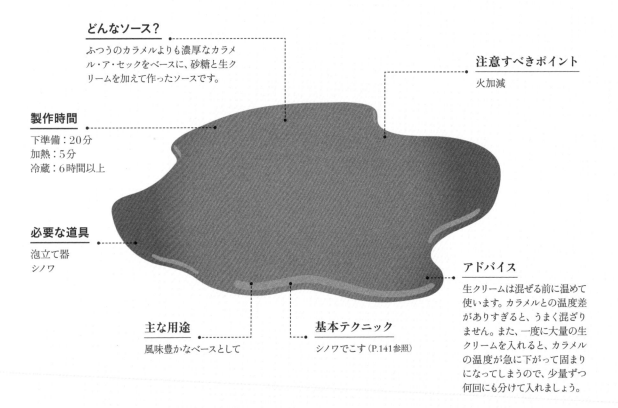

必要な道具

泡立て器
シノワ

アドバイス

生クリームは混ぜる前に温めて使います。カラメルとの温度差がありすぎると、うまく混ざりません。また、一度に大量の生クリームを入れると、カラメルの温度が急に下がって固まりになってしまうので、少量ずつ何回にも分けて入れましょう。

主な用途

風味豊かなベースとして

基本テクニック

シノワでこす（P.141参照）

カラメルソースが冷めても固まらないのはなぜ？

生クリームの乳脂肪分がカラメルに粘りをあたえ、結晶化させずに質感を保ってくれるからです。

材料（300〜350g）

生クリーム：150g
グラニュー糖：250g
フルール・ド・セル：2g

1　鍋に生クリームを入れ、火にかけておく。カラメル・ア・セックを作る。別の鍋にグラニュー糖を入れ、強めの中火で加熱する。グラニュー糖が溶けて茶色い液体になり始めたら、すぐに泡立て器でかき混ぜる。

2　1の色が濃くなったら鍋を火から下ろし、生クリーム少量を加えて泡立て器でかき混ぜる。よく混ざってから、また少量の生クリームを加えてかき混ぜるという作業を繰り返す。すべて混ざったら、フルール・ド・セルを加えて火にかける。カラメルが沸騰してから30秒ほど待って火から下ろす。シノワでこし、室温で冷ましてから、冷蔵庫に6時間以上入れる。

CHAPITRE 2

LES RECETTES

第 2 章
シュー菓子のレシピ

伝統レシピ

シュー・ア・ラ・ヴァニーユ
（バニラ・シュークリーム）................ 56

シュー・ア・ラ・ピスターシュ
（ピスタチオ・シュークリーム）.......... 60

エクレール・オ・カフェ
（コーヒー・エクレア）...................... 64

サランボ
（キルシュ風味の生クリームを挟んだ
カラメルコーティングのシュー）.......... 68

グラン
（ミントカスタード入りどんぐり型
シュークリーム）.......................... 72

ルリジューズ・オ・ショコラ
（大小 2 つ重ねた
チョコカスタード・シュークリーム）..... 76

応用レシピ

シュー・ジャンドゥーヤ・エ・シトロン
（ジャンドゥーヤとレモンのクリームを
挟んだシュー）........................... 80

シュー・エグゾティック
（パッションフルーツクリームと
ココナッツ・チョコガナッシュを
挟んだシュー）........................... 84

シュー・トゥ・ショコラ
（チョコレートづくしのシュー）............. 88

シュー・ロシェ
（アーモンドダイス入りチョコレートで
コーティングしたシュークリーム）........ 92

エクレール・オ・カラメル
（カラメル・エクレア）...................... 96

エクレール・オ・メートル・
カカウェット
（ピーナッツクリームの
ロングエクレア）..........................100

プロフィトロール・セザム・ノワール・
エ・スリーズ
（黒ゴマアイスクリームとチェリー・
チョコソースのプロフィトロール）.......104

その他のお菓子レシピ

パリ・ブレスト 108

パリ・フレーズ・エ・ヴェルヴェーヌ
（レモンバーベナと
イチゴのシューケーキ）...................112

サン・トノーレ 116

タルト・オー・シュー・フリュイ・
ルージュ・エ・ヴァニーユ
（ミックスベリーとバニラガナッシュの
シュータルト）...........................120

ピエス・モンテ
（シュークリームの
デコレーションケーキ）...................124

シューヌ・ショコラ・エ・
ノワ・ド・ペカン
（シュー生地で作ったチョコカスタードと
ピーカンナッツペーストのドーナッツ）...128

シューケット
（小さなシュー菓子）........................132

CHOU À LA
VANILLE

シュー・ア・ラ・ヴァニーユ （バニラ・シュークリーム）

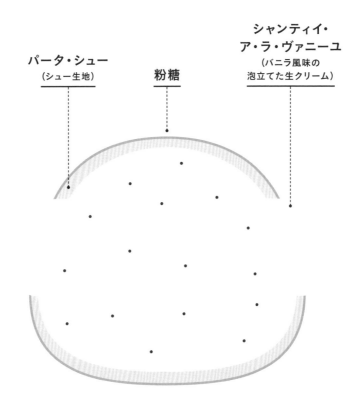

パータ・シュー
（シュー生地）

粉糖

シャンティイ・
ア・ラ・ヴァニーユ
（バニラ風味の
泡立てた生クリーム）

どんなシュー菓子？

シュー生地の間に、バニラ風味の泡立て
た生クリームを挟みます。

製作時間

下準備：1時間30分
焼成：40分
冷蔵：24時間

必要な道具

直径3cmの抜き型
スタンドミキサー
（ボウル、ワイヤーホイップ）
12mmの丸口金、10mmの丸口金
絞り袋

シノワ
波刃ナイフ
茶こし

注意すべきポイント

生地の絞り出し
シャンティイの泡立て

基本テクニック

絞り出し（P.14）
絞り袋に生地を詰める（P.138）
ドリュールを塗る（P.140）
シノワでこす（P.141）

アドバイス

生クリーム200gを同量のマスカルポーネ
チーズに替えると、より濃厚でしっかりとし
たシャンティイになります。

ヴァリエーション

バニラビーンズの代わりに、ミントやレモン
バーベナを使ってもよいでしょう。生クリー
ムに10分浸してシノワでこしてから、シャン
ティイを作ります。

手順

前日：生クリームに風味をつける
当日：シュー生地を作る ⇒ シャンティイを
作る ⇒ 組み立て

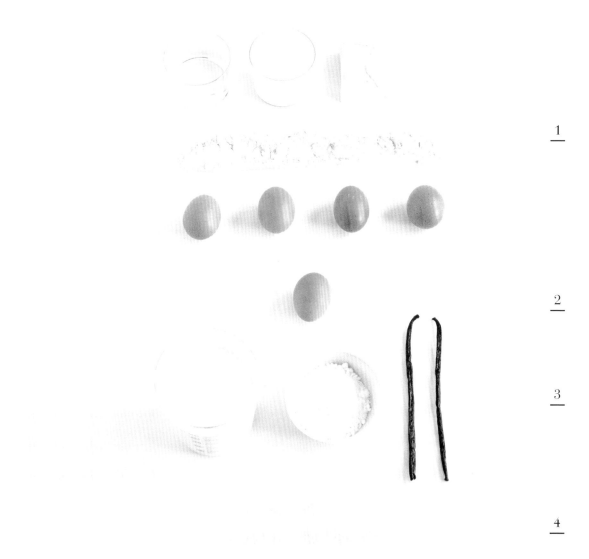

1

2

3

4

材料（30個分）

1 パータ・シュー

牛乳：100g
水：100g
塩：2g
バター：90g
全卵：200g（卵4個）
薄力粉：120g

2 ドリュール

溶き卵：全卵1個

3 シャンティイ・ア・ラ・ヴァニーユ

バニラビーンズ：2本
生クリーム：500g
粉糖：50g

4 デコレーション

粉糖

1　バニラビーンズのさやを縦2つに割って種をこそぎ取る。鍋に生クリーム200gとさやと種を入れて沸騰させる。火から下ろし、ふたをしてそのまま30分おく。

2　残りの生クリームを1に加え、翌日まで冷蔵庫に入れておく。

3　パータ・シューを作る（P.10参照）。オーブンを220℃に温めておく。12mmの丸口金をつけた絞り袋に生地を詰め、直径3cmの円形に絞る（P.14参照）。刷毛で表面にドリュールを塗る（P.140参照）。オーブンの温度を170℃に下げ、生地を入れて20〜40分焼く（P.18参照）。

4　3が冷めたら、上から1/3のところを波刃ナイフで横に切り取り、直径3cmの抜き型で抜いて形をきれいに整える。

5　2をシノワでこし、粉糖を加えてシャンティイ・ア・ラ・ヴァニーユを作り（P.36参照）、10mmの丸口金をつけた絞り袋に詰める。

6　下側のシューの中にクリームを詰める。底の部分からしっかり、縁から2〜3cmの高さまで絞る。上側のシューをかぶせて、冷蔵庫に1時間以上入れる。食べる前に茶こしで粉糖を振る。

CHOU
À LA PISTACHE

シュー・ア・ラ・ピスターシュ（ピスタチオ・シュークリーム）

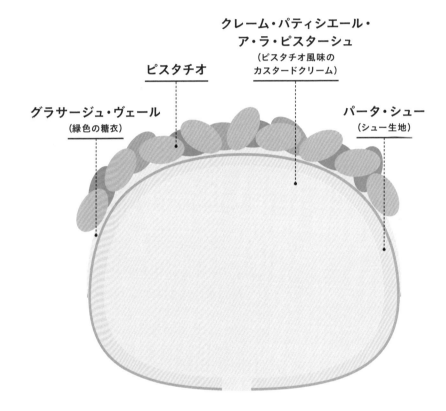

クレーム・パティシエール・
ア・ラ・ピスターシュ
（ピスタチオ風味の
カスタードクリーム）

ピスタチオ

グラサージュ・ヴェール
（緑色の糖衣）

パータ・シュー
（シュー生地）

どんなシュー菓子？

ピスタチオ風味のカスタードクリームを
シュー生地に詰めて、緑色の糖衣でコー
ティングし、ピスタチオをトッピングします。

製作時間

下準備：2時間
焼成：40分
冷蔵：24時間

必要な道具

直径3cmの抜き型
10mmの丸口金、8mmの丸口金
絞り袋
木べら、ペティナイフ

注意すべきポイント

フォンダンの調整
グラサージュ

基本テクニック

絞り出し（P.14）
上がけをする（P.22）
絞り袋に生地を詰める（P.138）
ドリュールを塗る（P.140）

アドバイス

フォンダンは市販品を使っても構いま
せん。

ヴァリエーション

ピスタチオペーストの代わりに、プラリネ
ペースト160gを使ってもよいでしょう。
着色なしの白いフォンダンを上がけし、ロー
ストして砕いたヘーゼルナッツをトッピング
してもよいでしょう。

手順

前日：フォンダンを作る⇒クレーム・パティ
シエールを作る
当日：シュー生地を作る⇒クリームを詰
める⇒グラサージュ

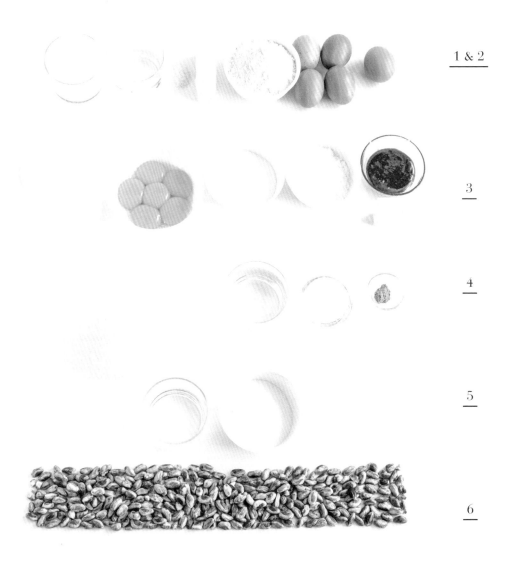

3

4

5

6

材料（30個分）

1 パータ・シュー

牛乳：100g
水：100g
塩：2g
バター：90g
全卵：200g（卵4個）
薄力粉：120g

2 ドリュール

溶き卵：全卵1個

3 クレーム・パティシエール・ア・ラ・ピスターシュ

牛乳：500g
卵黄：100g（卵5〜6個）
グラニュー糖：120g
コーンスターチ：50g
バター：50g
ピスタチオペースト：30g

4 グラサージュ・ヴェール

水：200g
グラニュー糖：500g
水あめ：75g
緑色の着色料（粉末）：少量

5 フォンダン調整用シロップ

水：85g
グラニュー糖：105g

6 デコレーション

ピスタチオ：150g

1　グラサージュ用のフォンダンを作る
（P.20参照）。クレーム・パティシエール・ア・
ラ・ピスターシュを作る（P.26参照）。最後の
バターを入れる工程でピスタチオペースト
も一緒に加える。

2　パータ・シューを作る（P.10参照）。オー
ブンを220℃に温めておく。10mmの丸
口金をつけた絞り袋に生地を詰め、直径
3cmの円形に絞る（P.14参照）。刷毛で表
面にドリュールを塗る（P.14参照）。オーブ
ンの温度を170℃に下げ、生地を入れて
20～40分焼く（P.18参照）。

3　2が冷めたら、底面にペティナイフの
先端で穴を開ける。

4　1のクレーム・パティシエール・ア・ラ・
ピスターシュを泡立て器でしっかりかく拌
してなめらかにし、8mmの丸口金をつけ
た絞り袋に入れる。3の穴からクリームを
注入する。

5　フォンダン（P.20参照）を温めなおし、緑
色の着色料を入れて木べらでかき混ぜる。

6　4に上がけし（P.22参照）、砕いたピス
タチオをつける。冷蔵庫に1時間以上入
れる。

ÉCLAIR AU CAFÉ

エクレール・オ・カフェ（コーヒー・エクレア）

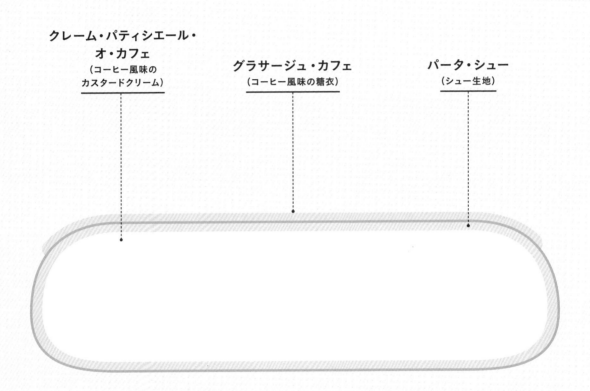

クレーム・パティシエール・
オ・カフェ
（コーヒー風味の
カスタードクリーム）

グラサージュ・カフェ
（コーヒー風味の糖衣）

パータ・シュー
（シュー生地）

どんなシュー菓子？

コーヒー風味のカスタードクリームを棒状のシュー生地に詰めて、コーヒー風味の糖衣でコーティングします。

製作時間

下準備：2時間
焼成：40分
冷蔵：24時間

必要な道具

12切星口金、8mmの丸口金
絞り袋
木べら
ペティナイフ

注意すべきポイント

フォンダンの調整

基本テクニック

絞り出し（P.14）
上がけをする（P.22）
絞り袋に生地を詰める（P.138）
ドリュールを塗る（P.140）
シノワでこす（P.141）

アドバイス

挽いたコーヒー豆の代わりに、コーヒー・エッセンス20gを使ってもよいでしょう。クレーム・パティシエールを泡立て器でかく拌してなめらかにする時に加えます。

ヴァリエーション

挽いたコーヒー豆の代わりに、縦2つに割って種をこそぎ取ったバニラビーンズ2本を使い、そのうち1本分の種を白いフォンダンに入れてもよいでしょう。

手順

前日：クレーム・パティシエールを作る
当日：シュー生地を作る⇒クリームを詰める⇒グラサージュ

1 & 2

3

4

5

材料（長さ14cmのエクレール15個分）

1 パータ・シュー

牛乳：100g
水：100g
塩：2g
バター：90g
全卵：200g（卵4個）
薄力粉：120g

2 ドリュール

溶き卵：全卵1個

3 クレーム・パティシエール・オ・カフェ

牛乳：600g
挽いたコーヒー豆：10g
卵黄：100g（卵5～6個）
グラニュー糖：120g
コーンスターチ：50g
バター：50g

4 グラサージュ・カフェ

フォンダン：600g
インスタントコーヒー：5g
水：5g

5 フォンダン調整用シロップ

水：85g
グラニュー糖：105g

1 鍋に牛乳と挽いたコーヒー豆を入れて火にかける。沸騰したら火を止め、鍋にラップをしてそのまま30分おく。

2 シノワでこし、クレーム・パティシエール・オ・カフェを作る（P.26参照）。

3 パータ・シューを作る（P.10参照）。オーブンを220℃に温めておく。12切星口金をつけた絞り袋に生地を詰め、14cmの長さに棒状に絞る（P.14参照）。刷毛で表面にドリュールを塗る（P.140参照）。オーブンの温度を170℃に下げ、生地を入れて20〜40分焼く（P.18参照）。

4 3が冷めたら、底面にペティナイフの先端で3カ所に穴を開ける。

5 2を泡立て器でしっかりかく拌してなめらかにし、8mmの丸口金をつけた絞り袋に入れる。4の穴からクリームを注入する。手で持ってみて重さが均一に感じられるよう、クリームが穴からわずかに漏れるくらいを目安に入れる。

6 フォンダン（P.20参照）を温めなおして水で溶かしたインスタントコーヒーを加えて風味をつけ、エクレールの表面に上がけをする（P.22参照）。冷蔵庫に1時間以上入れる。

SALAMBO

サランボ

(キルシュ風味の生クリームを挟んだカラメルコーティングのシュー)

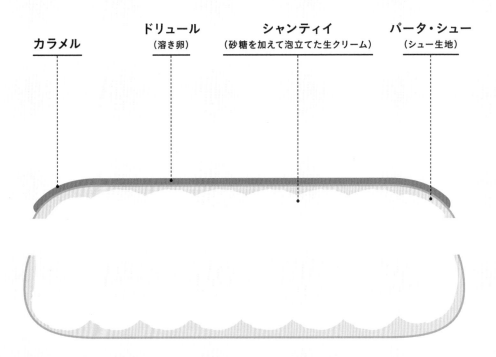

カラメル　　ドリュール　　シャンティイ　　パータ・シュー
（溶き卵）　（砂糖を加えて泡立てた生クリーム）　（シュー生地）

どんなシュー菓子？

カラメルコーティングした棒状のシュー生地の間に、バニラとキルシュ（チェリーブランデー）で風味をつけた生クリームを挟みます。

製作時間

下準備：2時間
焼成：40分
冷蔵：24時間

必要な道具

スタンドミキサー
（ボウル、ワイヤーホイップ）
12切星口金、10切星口金

絞り袋
波刃ナイフ

注意すべきポイント

カラメルのグラサージュ

基本テクニック

絞り出し（P.14）
絞り袋に生地を詰める（P.138）
ドリュールを塗る（P.140）
シノワでこす（P.141）

アドバイス

生クリーム200gを同量のマスカルポーネチーズに替えると、より濃厚でしっかりとしたシャンティイになります。カットしやすいように、カラメルはシューの上部から1/3の部分までつけましょう。平らに固まるよう、すぐにオーブンシートに並べます。

ヴァリエーション

キルシュの代わりにラム酒を使ってもよいでしょう。

手順

前日：生クリームに風味をつける
当日：シュー生地を作る⇒組み立て

1 & 2

3

4

材料（長さ8cmのサランボ20個分）

1 パータ・シュー

牛乳：100g
水：100g
塩：2g
バター：90g
全卵：200g（卵4個）
薄力粉：120g

2 ドリュール

溶き卵：全卵1個

3 シャンティイ

バニラビーンズ：1本
生クリーム：500g
粉糖：50g
キルシュ：30g

4 カラメル

水：175g
グラニュー糖：500g
水あめ：100g

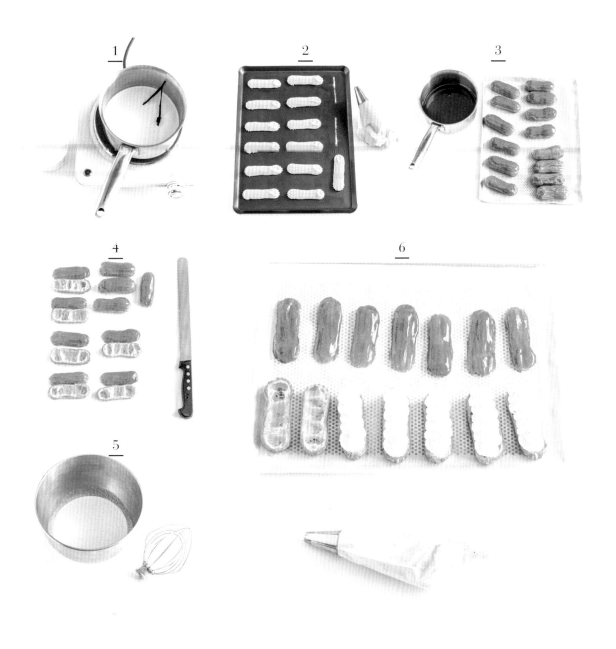

1　バニラビーンズのさやを縦2つに割って種をこそぎ取る。鍋に生クリーム200gとさやと種を入れて沸騰させる。火から下ろし、ふたをしてそのまま30分おく。残りの生クリームを加え、翌日まで冷蔵庫に入れておく。

2　パータ・シューを作る（P.10参照）。オーブンを220℃に温めておく。12切星口金をつけた絞り袋に生地を詰め、長さ8cmの棒状に絞る（P.14参照）。刷毛で表面にドリュールを塗る（P.140参照）。オーブンの温度を170℃に下げ、生地を入れて20〜40分焼く（P.18参照）。

3　カラメルを作る（P.50参照）。2の表面をカラメルに浸し、冷ます。

4　カラメルコーティングされたすぐ下の部分を波刃ナイフで横にカットする。

5　1をシノワでこし、粉糖とキルシュを加えてシャンティイを作る（P.36参照）。

6　5を10切星口金をつけた絞り袋に入れ、下側のシューの中に詰める。底からしっかり、縁から2〜3cmの高さまで絞る。上側のシューをかぶせて、冷蔵庫に1時間以上入れる。

GLAND

グラン
（ミントカスタード入りどんぐり型シュークリーム）

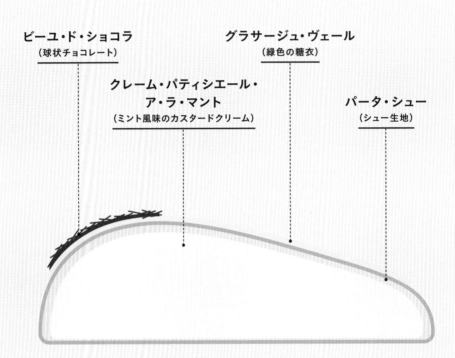

ビーユ・ド・ショコラ
（球状チョコレート）

グラサージュ・ヴェール
（緑色の糖衣）

**クレーム・パティシエール・
ア・ラ・マント**
（ミント風味のカスタードクリーム）

パータ・シュー
（シュー生地）

どんなシュー菓子？

ミント風味のカスタードクリームをシュー
生地に詰め、緑色の糖衣でコーティング
し、チョコレートでデコレーションします。

製作時間

下準備：2時間
焼成：40分
冷蔵：24時間

必要な道具

ミキサー
12mmの丸口金、8mmの丸口金
絞り袋
木べら、ペティナイフ

注意すべきポイント

デコレーション用チョコレートのかく拌

基本テクニック

絞り出し（P.14）
上がけをする（P.22）
絞り袋に生地を詰める（P.138）
ドリュールを塗る（P.140）
シノワでこす（P.141）

アドバイス

デコレーション用のチョコレートは、粒が小さ
くなって軽く光をおび始めたらミキサーを止め
ましょう。チョコレートが熱を持ち始めてその
形状を保ちますので、それ以上続けると、集
まって大きな塊になってしまいます。

ヴァリエーション

ミントの代わりにレモンバーベナを使ってもよ
いでしょう。

手順

前日：クレーム・パティシエールを作る
当日：シュー生地を作る⇒クリームを詰める
⇒グラサージュ⇒デコレーション

1 & 2

3

4

5

6

材料（20個分）

1　パータ・シュー

牛乳：100g
水：100g
塩：2g
バター：90g
全卵：200g（卵4個）
薄力粉：120g

2　ドリュール

溶き卵：全卵1個

3　クレーム・パティシエール・
ア・ラ・マント

牛乳：600g
ミント：1束
卵黄：100g（卵5〜6個）
グラニュー糖：120g
コーンスターチ：50g
バター：50g
ラム酒：30g

4　グラサージュ・ヴェール

フォンダン：400g
緑色の着色料（粉末）：少量

5　フォンダン調整用シロップ

水：85g
グラニュー糖：105g

6　デコレーション

ブラックチョコレート（カカオ66%）：150g

1　チョコレートは冷凍庫に入れておく。鍋に牛乳とミントの束を入れて沸騰させる。火から下ろして、ラップをかけてそのまま5分おく。シノワでこし、クレーム・パティシエール・ア・ラ・マントを作る（P.26参照）。最後のバターを入れる工程でラム酒も一緒に加える。

2　パータ・シューを作る（P.10参照）。オーブンを220℃に温めておく。12mmの丸口金をつけた絞り袋に生地を詰め、幅4cm×長さ7cmのしずく型を20個絞る（P.14参照）。刷毛で表面にドリュールを塗る（P.140参照）。オーブンの温度を170℃に下げ、生地を入れて20〜40分焼く（P.18参照）。

3　チョコレートをミキサーに入れ、小さな球のような形状になるまでかく拌する。

4　2が冷めたら、底面にペティナイフの先端で穴を開ける。1のクレーム・パティシエール・ア・ラ・マントを泡立て器でしっかりかく拌してなめらかにし、8mmの丸口金をつけた絞り袋に入れ、穴から注入する。

5　フォンダン（P.20参照）を温めなおし、緑色の着色料を加える。

6　4の表面に上がけし（P.22参照）、すぐに一番広い部分に3をつける。冷蔵庫に1時間以上入れる。

RELIGIEUSE
AU CHOCOLAT

ルリジューズ・オ・ショコラ
（大小2つ重ねたチョコカスタード・シュークリーム）

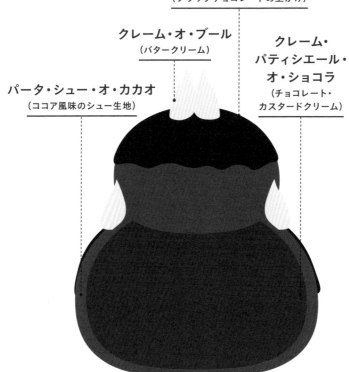

グラサージュ・ショコラ・ノワール
（ブラックチョコレートの上がけ）

クレーム・オ・ブール
（バタークリーム）

クレーム・パティシエール・オ・ショコラ
（チョコレート・カスタードクリーム）

パータ・シュー・オ・カカオ
（ココア風味のシュー生地）

どんなシュー菓子？

チョコレート・カスタードクリームを詰めた大小のシューを重ね、チョコレートでコーティングしバタークリームで飾った、「修道女」という名のお菓子です。

製作時間

下準備：2時間
焼成：40分
冷蔵：24時間

必要な道具

8mmの丸口金、6切口金
絞り袋
木べら
ペティナイフ

注意すべきポイント

クレーム・オ・ブールの作り方
フォンダンの調整

基本テクニック

絞り出し（P.14）
上がけをする（P.22）
絞り袋に生地を詰める（P.138）
湯煎にかける（P.141）

アドバイス

計量カップなどを逆さまに置いた上にのせると、位置が高くなりバタークリームのデコレーションがしやすくなります。

ヴァリエーション

チョコレート・カスタードクリームは、コーヒー、ピスタチオ、バニラなどの風味にしてもよいでしょう。

手順

前日：クレーム・パティシエールを作る
当日：シュー生地を作る⇒クリームを詰める⇒グラサージュ⇒デコレーション

材料（15個分）

1 パータ・シュー・オ・カカオ

牛乳：100g
水：100g
塩：2g
バター：90g
全卵：200g（卵4個）
薄力粉：110g
ココアパウダー：10g

2 クレーム・パティシエール・オ・ショコラ

牛乳：500g
卵黄：100g（卵5〜6個）
グラニュー糖：120g
コーンスターチ：50g
ブラックチョコレート（カカオ66%）：150g

3 グラサージュ・ショコラ・ノワール

フォンダン：400g
ブラックチョコレート（カカオ66%）：50g
紅色の着色料（粉末）：少量

4 フォンダン調整用シロップ

水：85g
グラニュー糖：105g

5 クレーム・オ・ブール

全卵：100g（卵2個）
水：40g
グラニュー糖：130g
バター：200g

1　クレーム・パティシエール・オ・ショコラを作る（P.26参照）。鍋を火から下ろしたところでチョコレートを入れて混ぜ、冷ます。

2　ココアパウダーを混ぜた薄力粉でパータ・シュー・オ・カカオを作る（P.10参照）。オーブンを220℃に温めておく。

3　8mmの丸口金をつけた絞り袋に生地を詰め、直径4cmと直径1.5cmの円形を15個ずつ絞る（P.14参照）。オーブンの温度を170℃に下げ、生地を入れて20〜40分焼く（P.18参照）。

4　3が冷めたら、底面にペティナイフの先端で穴を開ける。1のクレーム・パティシエール・オ・ショコラを泡立て器でしっかりかく拌してなめらかにし、8mmの丸口金をつけた絞り袋に入れ、穴から注入する。

5　フォンダン（P.20参照）を温めなおす。温度が32〜35℃に達したところで、湯煎で溶かしたチョコレートを入れて混ぜ、紅色の着色料も加える。4の表面に上がけし（P.22参照）、大きなシューの上に小さなシューをのせる。

6　クレーム・オ・ブールを作る（P.28参照）。6切口金をつけた絞り袋に入れ、上下のシューの間には炎の形を、トップには小さなバラの形を絞る。冷蔵庫に1時間以上入れる。

CHOU GIANDUJA ET
CITRON

シュー・ジャンドゥーヤ・エ・シトロン
（ジャンドゥーヤとレモンのクリームを挟んだシュー）

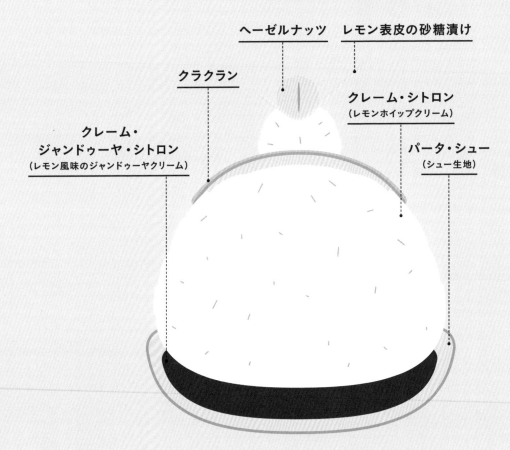

ヘーゼルナッツ

レモン表皮の砂糖漬け

クラクラン

クレーム・シトロン
（レモンホイップクリーム）

クレーム・
ジャンドゥーヤ・シトロン
（レモン風味のジャンドゥーヤクリーム）

パータ・シュー
（シュー生地）

どんなシュー菓子？

シュー生地の間に、レモン風味のジャンドゥーヤクリームと、レモンホイップクリームを挟みます。

製作時間

下準備：3時間
焼成：40分
冷蔵：24時間

必要な道具

直径2cmの抜き型
ミキサー
10切星口金、8mmの丸口金
絞り袋
波刃ナイフ

注意すべきポイント

プラリネペーストの火加減
レモン表皮の浸水時間

基本テクニック

絞り出し (P.14)
絞り袋に生地を詰める (P.138)
シロップを作る (P.139)
ナッツをローストする (P.139)
柑橘類の表皮を砂糖漬けにする (P.139)
湯煎にかける (P.141)

アドバイス

レモン表皮の内側についている白いワタの部分は苦いので、ナイフで取り除きましょう。

ヴァリエーション

クレーム・シトロンに使うライム果汁は、柚子果汁に替えてもよいでしょう。

手順

前日：クラクランを作る⇒プラリネペーストを作る⇒クレーム・シトロンのベースを作る⇒レモン表皮の砂糖漬けを作る
当日：シュー生地を作る⇒クレーム・ジャンドゥーヤを作る⇒組み立て⇒デコレーション

1

2

3

4

5

6

7

材料（30〜40個分）

1　クラクラン

バター：50g
カソナード（ブラウンシュガー）：60g
薄力粉：50g

2　パータ・シュー

牛乳：100g
水：100g
塩：2g
バター：90g
全卵：200g（卵4個）
薄力粉：120g

3　クレーム・シトロン

ライム表皮：2個分
ライム果汁：140g（ライム5個）
全卵：200g（卵4個）
グラニュー糖：160g
バター：80g
板ゼラチン：8g
生クリーム：200g

4　プラリネ・ノワゼット

生ヘーゼルナッツ：75g
グラニュー糖：75g
水：25g

5　クレーム・ジャンドゥーヤ・シトロン

プラリネ・ノワゼット：120g
ブラックチョコレート（カカオ66%）：120g
レモン果汁：100g（レモン4個）
生クリーム：50g

6　デコレーション

ヘーゼルナッツ：60g

7　レモン表皮の砂糖漬け

水：80g
グラニュー糖：130g
レモン表皮：適量

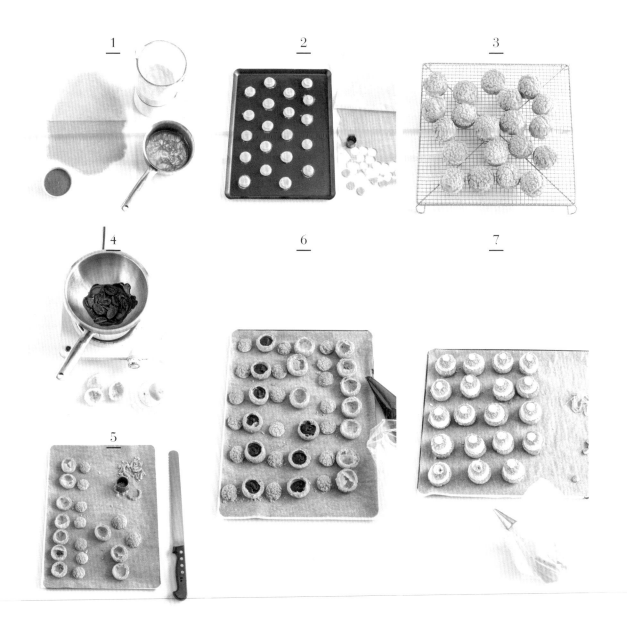

1 クラクランを作る（P.24参照）。プラリネ・ノワゼットを作る（P.44参照）。材料のナッツにはヘーゼルナッツだけを使うこと。クレーム・シトロンのベースを作る（P.34参照）。レモン表皮の砂糖漬けを作る（P.139参照）。クレーム・ジャンドゥーヤ・シトロンに使うレモンの表皮を使用すること。

2 パータ・シューを作る（P.10参照）。オーブンを220℃に温めておく。8mmの丸口金をつけた絞り袋に生地を詰め、直径2cmの円形に絞る（P.14参照）。同じ直径の抜き型でクラクランをカットし、生地の上にのせる。

3 オーブンの温度を170℃に下げ、生地を入れて20〜40分焼く（P.18参照）。

4 オーブンを170℃に温めておく。デコレーション用のヘーゼルナッツを天板にのせ、オーブンに20分ほど入れてローストする。クレーム・ジャンドゥーヤ・シトロンを作る。ブラックチョコレートを湯煎で溶かす。レモンをもんで柔らかくしてから、絞り器で果汁を絞る。ボウルに1のプラリネ・ノワゼットと溶かしたチョコレートを入れてゴムべらで混ぜる。生クリームを少し温めてその上に注ぐ。レモン果汁を追加して混ぜ、そのままおいてとろみをつける。

5 3が冷めたら、上から1/3のところを波刃ナイフで横にカットし、直径2cmの抜き型で抜いて形をきれいに整える。

6 絞り袋に4を入れて先端を小さくカットし、下側のシューの中に詰める。冷蔵庫に30分入れる。

7 クレーム・シトロンを仕上げ（P.34参照）、10切星口金をつけた絞り袋に入れる。6の上に、シューの縁から2〜3cmの高さまで絞る。上側のシューをかぶせて、トップに小さなバラの形を絞り、ローストしたヘーゼルナッツとレモン表皮の砂糖漬けをのせる。冷蔵庫に2時間以上入れる。

CHOU
EXOTIQUE

シュー・エグゾティック
(パッションフルーツクリームとココナッツ・チョコガナッシュを挟んだシュー)

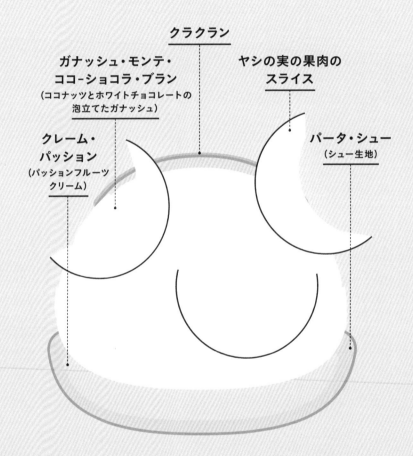

クラクラン

ガナッシュ・モンテ・ココ-ショコラ・ブラン
(ココナッツとホワイトチョコレートの泡立てたガナッシュ)

ヤシの実の果肉のスライス

クレーム・パッション
(パッションフルーツクリーム)

パータ・シュー
(シュー生地)

どんなシュー菓子?

シュー生地の間に、パッションフルーツクリームと、ココナッツとホワイトチョコレートの泡立てたガナッシュをたっぷり挟みます。

製作時間

下準備:3時間
焼成:40分
冷蔵:24時間

必要な道具

直径3cmの抜き型、直径2cmの抜き型
ミキサー
10切星口金、10mmの丸口金
絞り袋
波刃ナイフ
皮むきナイフ (ピーラー)

注意すべきポイント

ガナッシュの泡立て

基本テクニック

絞り出し (P.14)
絞り袋に生地を詰める (P.138)
ゼラチンを戻す (P.141)

手順

前日:クラクランを作る⇒ガナッシュ・モンテを作る⇒クレーム・パッションを作る
当日:シュー生地を作る⇒組み立て⇒デコレーション

材料（30個分）

1 クラクラン

バター：60g
カソナード（ブラウンシュガー）：60g
薄力粉：50g
ココナッツファイン：30g

2 パータ・シュー

牛乳：100g
水：100g
塩：2g
バター：90g
全卵：200g（卵4個）
薄力粉：120g

3 ガナッシュ・モンテ・
ココ-ショコラ・ブラン

板ゼラチン：4g
生クリーム：450g
ホワイトチョコレート：150g
ココナッツファイン：50g

4 クレーム・パッション

板ゼラチン：3g
パッションフルーツのピューレ：150g
全卵：50g（卵1個）
卵黄：40g（卵2個）
グラニュー糖：40g
バター：60g

5 デコレーション

ヤシの実：1/4個

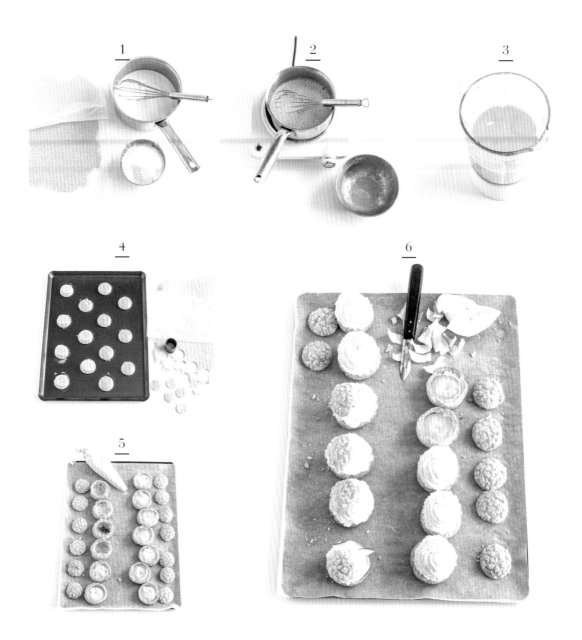

1 クラクランを作る（P.24参照）。ココナッツファインは薄力粉と同時に入れる。ガナッシュ・モンテ・ココ-ショコラ・ブランを作る（P.32参照）。ココナッツファインは最後に入れる。

2 クレーム・パッションを作る。板ゼラチンを冷水で戻す（P.141参照）。パッションフルーツピューレを鍋に入れて火にかける。全卵、卵黄、グラニュー糖をボウルに入れ白っぽくなるまで泡立て器でかき混ぜる。ピューレが沸騰したら半量をボウルに注ぎよく混ぜ合わせ、鍋に戻す。中火にかけてかき混ぜながら沸騰するのを待つ。鍋を火から下ろし、ゼラチンとバターを加えてかき混ぜる。

3 2をミキサーに入れて2分ほどかく拌する。密閉容器に入れて冷蔵庫で保存する。

4 パータ・シューを作る（P.10参照）。オーブンを220℃に温めておく。10mmの丸口金をつけた絞り袋に生地を詰め、直径3cmの円形に絞る（P.14参照）。直径2cmの抜き型でクラクランをカットし、生地の上にのせる。オーブンの温度を170℃に下げ、生地を入れて20〜40分焼く（P.18参照）。

5 4が冷めたら、上から1/3のところを波刃ナイフで横にカットし、直径3cmの抜き型で抜いて形をきれいに整える。3を絞り袋に入れて先端を小さくカットし、下側のシューの中に詰める。冷蔵庫に1時間入れる。

6 1のガナッシュ・モンテ・ココ-ショコラ・ブランを泡立てる（P.32参照）。10切星口金をつけた絞り袋に入れ、5の上に、シューの縁から2〜3cmの高さまで花を描くように絞る。上側のシューをかぶせる。ピーラーでヤシの実の果肉をスライスし、ガナッシュに飾る。冷蔵庫に1時間以上入れる。

CHOU TOUT
CHOCOLAT

シュー・トゥ・ショコラ（チョコレートづくしのシュー）

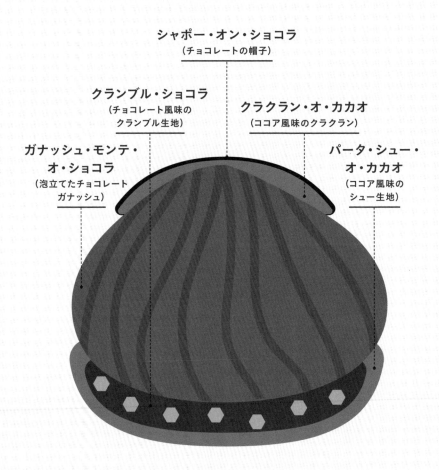

シャポー・オン・ショコラ
（チョコレートの帽子）

クランブル・ショコラ
（チョコレート風味の
クランブル生地）

クラクラン・オ・カカオ
（ココア風味のクラクラン）

ガナッシュ・モンテ・
オ・ショコラ
（泡立てたチョコレート
ガナッシュ）

パータ・シュー・
オ・カカオ
（ココア風味の
シュー生地）

どんなシュー菓子？

ココア風味のシュー生地の間に、チョコ
レートクランブルと泡立てたチョコレートガ
ナッシュを挟みます。上側のシュー生地は
チョコレートでコーティングしました。

製作時間

下準備：3時間
焼成：40分
冷蔵：24時間

必要な道具

直径3cmの抜き型、直径2cmの抜き型
10切星口金、10mmの丸口金

絞り袋
直径7cmの半球体シリコンモールド
木べら
波刃ナイフ、ペティナイフ

注意すべきポイント

チョコレートでコーティングした
シュー生地のカット

基本テクニック

絞り出し（P.14）
上がけをする（P.22）
絞り袋に生地を詰める（P.138）
湯煎にかける（P.141）

ヴァリエーション

ブラックチョコレートの代わりにホワイト
チョコレートを使ってもよいでしょう。

手順

前日：クラクランを作る⇒ガナッシュ・モ
ンテを作る⇒クランブル・ショコラを作る
当日：シュー生地を作る⇒組み立て⇒
デコレーション

1

2

3

4

5

材料（30個分）

1 クラクラン・オ・カカオ

バター：50g
カソナード（ブラウンシュガー）：60g
薄力粉：40g
ココアパウダー：10g

2 パータ・シュー・オ・カカオ

牛乳：100g
水：100g
塩：2g
バター：90g
全卵：200g（卵4個）
薄力粉：110g
ココアパウダー：10g

3 ガナッシュ・モンテ・オ・ショコラ

板ゼラチン：2g
生クリーム：520g
ブラックチョコレート（カカオ66%）：250g

4 クランブル・ショコラ

アーモンドパウダー：50g
グラニュー糖：50g
薄力粉：50g
バター：50g
ブラックチョコレート（カカオ66%）：100g

5 デコレーション

ブラックチョコレート（カカオ66%）：300g
カカオバター：10g

1　クラクラン・オ・カカオを作る(P.24参照)。ココアパウダーは薄力粉と同時に入れる。ガナッシュ・モンテ・オ・ショコラを作る(P.32参照)。ホワイトチョコレートの代わりにブラックチョコレートを使い、バニラビーンズを入れずに作る。クランブル・ショコラを作る(P.46参照)。

2　パータ・シュー・オ・カカオを作る(P.10参照)。ココアパウダーは薄力粉と同時に入れる。オーブンを220℃に温めておく。10mmの丸口金をつけた絞り袋に生地を詰め、直径3cmの円形に絞る(P.14参照)。直径2cmの抜き型でクラクラン・オ・カカオをカットし、生地の上にのせる。オーブ

ンの温度を170℃に下げ、生地を入れて20〜40分焼く(P.18参照)。

3　デコレーション用のチョコレートとカカオバターを湯煎で溶かす。

4　3を絞り袋に入れて先端を小さくカットし、半球体シリコンモールドの底に1cmほどの高さまで絞る。2を底面を上にしてのせる。冷蔵庫に30分入れる。

5　4をモールドからはずし、チョコレートがかぶっているちょうど下を、波刃ナイフで横にカットする。

6　下側のシューの中に小さくカットしたクランブル・ショコラを入れる。

7　1のガナッシュを泡立てる(P.32参照)。10切星口金をつけた絞り袋に入れ、6の上に、シューの縁から2〜3cmの高さまでドーム型に絞る。上側のシューをかぶせ、冷蔵庫に1時間以上入れる。

CHOU ROCHER

シュー・ロシェ

（アーモンドダイス入りチョコレートでコーティングしたシュークリーム）

ガナッシュ・オ・ドゥルセ
（ブロンドチョコレート
ガナッシュ）

グラサージュ・ロシェ・
オー・ザマンド
（アーモンドダイス入り
チョコレートの上がけ）

クラクラン

パータ・シュー
（シュー生地）

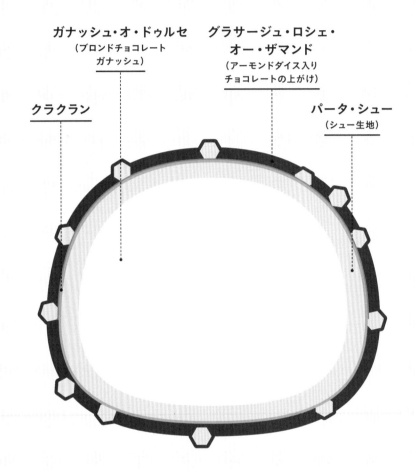

どんなシュー菓子？

シュー生地にブロンドチョコレートガナッシュを詰めて、アーモンドダイス入りチョコレートの上がけで全体をコーティングします。

製作時間

下準備：2時間30分
焼成：40分
冷蔵：24時間
冷凍：30〜45分

必要な道具

直径2cmの抜き型
ハンドブレンダー

8mmの丸口金、絞り袋
麺棒、ゴムべら
ペティナイフ、串

注意すべきポイント

シューのグラサージュ

基本テクニック

絞り出し（P.14）
上がけをする（P.22）
絞り袋に生地を詰める（P.138）
ナッツをローストする（P.139）
湯煎にかける（P.141）
ゼラチンを戻す（P.141）

アドバイス

グラサージュは時々湯煎にかけて適温を保ちましょう。

ヴァリエーション

アーモンドダイスの代わりにヘーゼルナッツダイスを使ってもよいでしょう。

手順

前日：クラクランを作る⇒ガナッシュ・オ・ドゥルセを作る
当日：シュー生地を作る⇒クリームを詰める⇒グラサージュ

材料 (30個分)

1 パータ・シュー

牛乳：100g
水：100g
塩：2g
バター：90g
全卵：200g (卵4個)
薄力粉：120g

2 クラクラン

バター：75g
カソナード (ブラウンシュガー)：100g
薄力粉：100g

3 ガナッシュ・オ・ドゥルセ

板ゼラチン：3g
ドゥルセチョコレート：275g
牛乳：150g
生クリーム：300g

4 グラサージュ・ロシェ・オー・ザマンド

アーモンドダイス：160g
ブラックチョコレート：300g
ミルクチョコレート：260g
グレープシードオイル：50g

1　クラクランを作る（P.24参照）。

2　ガナッシュ・オ・ドゥルセを作る。板ゼラチンを冷水で戻す。ドゥルセチョコレートを湯煎で溶かす。牛乳を鍋に入れて沸騰させ、火から下ろして水気を切ったゼラチンを加えて溶かす。

3　2の牛乳を3回に分けて溶かしたチョコレートに加える。1/3ずつ入れて、その都度、泡立て器で混ぜて完全に乳化させる。

4　生クリームを加え、空気を入れないようにしてハンドブレンダーでかく拌する。容器に入れてラップでふたをし、翌日まで冷蔵庫に入れる。

5　パータ・シューを作る（P.10参照）。オーブンを220℃に温めておく。8mmの丸口金をつけた絞り袋に生地を詰め、直径2cmの円形に絞る（P.14参照）。同じ直径2cmの抜き型でクラクランをカットし、生地の上にのせる。オーブンの温度を170℃に下げ、生地を入れて20〜40分焼く（P.18参照）。

6　5が冷めたら、底面にペティナイフの先端で小さな穴を開ける。4を8mmの丸口金をつけた絞り袋に入れ、穴から注入する。冷凍庫に30〜45分入れる。

7　グラサージュ・ロシェ・オー・ザマンドを作る。天板にアーモンドダイスを広げ、160℃に温めておいたオーブンで20分ほどローストする。チョコレートを湯煎で溶かし、ボウルを湯煎から下ろしてグレープシードオイルを加え、空気を入れないようにしてハンドブレンダーでかく拌する。40℃くらいに冷めたらアーモンドダイスを加えて混ぜる。

8　6に串を刺し、7に入れて全体をコーティングする（P.22参照）。底面の余分な量をボウルの縁でぬぐい、オーブンシートの上に置く。数分待ってから、串を軽くまわしながら引き抜く。冷蔵庫に1時間以上入れる。

ÉCLAIR
AU CARAMEL

エクレール・オ・カラメル（カラメル・エクレア）

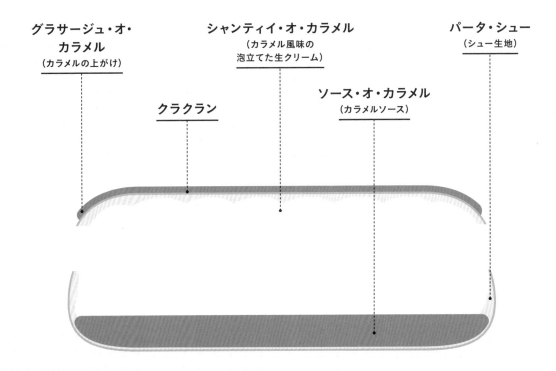

グラサージュ・オ・カラメル（カラメルの上がけ）

クラクラン

シャンティイ・オ・カラメル（カラメル風味の泡立てた生クリーム）

ソース・オ・カラメル（カラメルソース）

パータ・シュー（シュー生地）

どんなシュー菓子？

棒状のシュー生地の間に、カラメルソースとカラメル風味の泡立てた生クリームを挟み、カラメルの上がけでコーティングします。

製作時間

下準備：2時間
焼成：40分
冷蔵：24時間
冷凍：1時間

必要な道具

10切星口金、12mmの星口金
絞り袋、波刃ナイフ

注意すべきポイント

カラメルの火加減

基本テクニック

絞り出し（P.14）
上がけをする（P.22）
絞り袋に生地を詰める（P.138）
ドリュールを塗る（P.140）
ゼラチンを戻す（P.141）

アドバイス

最初のカラメルコーティングが薄すぎた時は、エクレアを30分〜1時間冷凍庫に入れ、湯煎にかけて温めなおしたグラサージュに再び浸しましょう。

手順

前日：クラクランを作る⇒ソース・カラメルを作る⇒シャンティイ用のカラメルを作る
当日：シュー生地を作る⇒組み立て⇒グラサージュ

材料 (長さ14cmのエクレール15個分)

<u>1</u> **ソース・オ・カラメル**

生クリーム：150g
グラニュー糖：250g
フルール・ド・セル：2g

<u>2</u> **シャンティイ・オ・カラメル**

ソース・カラメル用
生クリーム：150g
グラニュー糖：200g
フルール・ド・セル：2g
板ゼラチン：4g
シャンティイ用
生クリーム：350g

<u>3</u> **クラクラン**

バター：75g
カソナード（ブラウンシュガー）：100g
薄力粉：100g

<u>4</u> **パータ・シュー**

牛乳：100g
水：100g
塩：2g
バター：90g
全卵：200g（卵4個）
薄力粉：120g
ドリュール用の全卵：1個

<u>5</u> **グラサージュ・オ・カラメル**

生クリーム：300g
グラニュー糖：250g
フルール・ド・セル：2g
板ゼラチン：12g

1 クラクランを作る（P.24参照）。ソース・オ・カラメルを作る（P.52参照）。シャンティイ・オ・カラメル用のソース・カラメルを作る（P.52参照）。ソース・オ・カラメルを作る要領で、加熱後に冷水で戻しておいたゼラチンを加えて混ぜる。

2 パータ・シューを作る（P.10参照）。オーブンを220℃に温めておく。12mmの星口金をつけた絞り袋に生地を詰め、14cmの長さに棒状に絞る（P.14参照）。刷毛で表面にドリュールを塗る（P.140参照）。

3 2に合わせてクラクランをカットし、生地の上にのせる。オーブンの温度を170℃に下げ、生地を入れて20〜40分焼く（P.18参照）。

4 3が冷めたら、上から1/3のところを波刃ナイフでカットし、両サイドをカットして縁をきれいに整える。絞り袋に1のソース・カラメルを入れて先端を小さくカットし、下側のシューに詰める。冷蔵庫に入れておく。

5 1とシャンティ用の生クリームを合わせて、シャンティイと同じ要領でシャンティイ・オ・カラメルを仕上げる（P.36参照）。10切星口金をつけた絞り袋に入れ、4の上に縁から2〜3cmの高さまで絞る。上側のシューをかぶせて冷凍庫に1時間入れる。

6 グラサージュ・オ・カラメルを作る。ソース・オ・カラメルを作り（P.52参照）、加熱後に冷水で戻しておいたゼラチンを入れる。少し冷ましてから5に上がけをする（P.22参照）。冷蔵庫に2時間以上入れる。

ÉCLAIR AU MÈTRE
CACAHUÈTE

エクレール・オ・メートル・カカウェット
（ピーナッツクリームのロングエクレア）

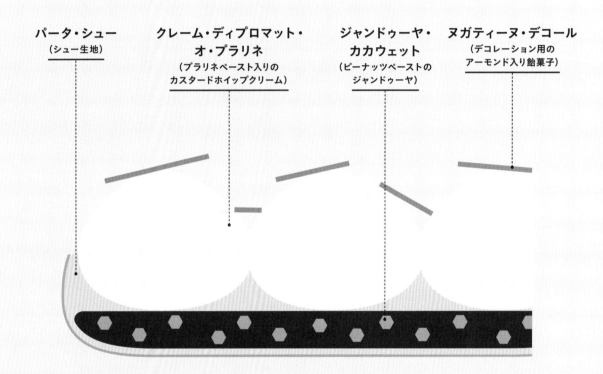

パータ・シュー
（シュー生地）

**クレーム・ディプロマット・
オ・プラリネ**
（プラリネペースト入りの
カスタードホイップクリーム）

**ジャンドゥーヤ・
カカウェット**
（ピーナッツペーストの
ジャンドゥーヤ）

ヌガティーヌ・デコール
（デコレーション用の
アーモンド入り飴菓子）

どんなシュー菓子？

とても長いシュー生地に、ピーナッツのジャンドゥーヤとカスタードホイップクリームをのせてアーモンド入り飴菓子をトッピングします。切り分けて食べるお菓子です。

製作時間

下準備：3時間
焼成：40分
冷蔵：24時間
冷凍：24時間

必要な道具

ミキサー
スタンドミキサー
（ボウル、ワイヤーホイップ）

12切星口金、絞り袋
波刃ナイフ

注意すべきポイント

クレーム・パティシエールの火加減
パータ・シューの加熱

基本テクニック

絞り出し（P.14）
絞り袋に生地を詰める（P.138）
生クリームを泡立てる
（クレーム・モンテ、P.139）
ゼラチンを戻す（P.141）

アドバイス

ヌガティーヌは、カリカリの食感を損なわないよう、食べる直前に飾りましょう。

ヴァリエーション

ピーナッツの代わりに、アーモンドやヘーゼルナッツを使用してもよいでしょう。

手順

前日：ヌガティーヌを作る ⇒ プラリネ・カカウェットを作る ⇒ クレーム・パティシエールを作る ⇒ ジャンドゥーヤ・カカウェットを作る
当日：シュー生地を作る ⇒ ヌガティーヌを焼く ⇒ クレーム・ディプロマットを作る ⇒ 組み立て

材料（30cmのエクレール5本分）

1 ヌガティーヌ・デコール

水：5g
バター：65g
水あめ：25g
粉糖：75g
NHペクチン（無糖）：2g
アーモンドスライス：90g
食用金粉：適量

2 プラリネ・カカウェット

ピーナッツ：200g
グラニュー糖：200g
水：100g

3 クレーム・ディプロマット・
オ・プラリネ

クレーム・パティシエール用

牛乳：500g
卵黄：100g（卵5〜6個）
グラニュー糖：120g
コーンスターチ：50g
バター：50g
プラリネ・カカウェット：160g
板ゼラチン：8g

クレーム・モンテ用

生クリーム：200g

4 パータ・シュー

牛乳：100g
水：100g
塩：2g
バター：90g
全卵：200g（卵4個）
薄力粉：120g

5 ジャンドゥーヤ・カカウェット

プラリネ・カカウェット：200g
ブラックチョコレート（カカオ66%）：120g
塩味のついたローストピーナッツ：140g

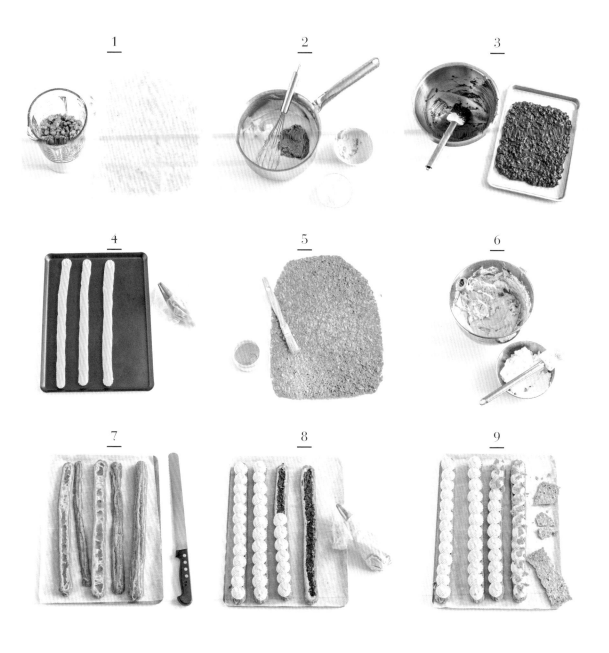

1　ヌガティーヌ・デコールを作る（P.47参照）。ただし、焼かずに冷凍庫に入れておく。プラリネ・カカウェットを作る（P.44参照）。材料のナッツにピーナッツを使うこと。

2　クレーム・ディプロマット・オ・プラリネ用に、プラリネ・カカウェット入りのクレーム・パティシエールを作る（P.26参照）。バターと、冷水で戻しておいたゼラチンを入れる工程で、1のプラリネ・カカウェットも160g加える。冷ます。

3　ジャンドゥーヤ・カカウェットを作る（P.44参照）。砕いたピーナッツを入れ、天板に5mmの厚みで平らに広げる。ラップをかけて冷蔵庫に入れる。

4　パータ・シューを作る（P.10参照）。オーブンを220℃に温めておく。12切星口金をつけた絞り袋に生地を詰め、天板の縦の長さいっぱいに棒状に絞る（P.14参照）。オーブンの温度を170℃に下げ、生地を入れて20〜40分焼く（P.18参照）。

5　1のヌガティーヌを焼く（P.47参照）。冷めたら表面に刷毛で食用金粉を塗り、2〜3cmほどの塊に砕く。

6　2のクレーム・パティシエールにクレーム・モンテを加え、クレーム・ディプロマット・オ・プラリネを仕上げる（P.26参照）。

7　4の上から1/3のところを波刃ナイフで横にカットする。

8　3を細長くカットし、7の下側のシューの底に詰める。6を12切星口金をつけた絞り袋に入れ、その上に、端から端まで絞る。

9　冷蔵庫に2時間以上入れる。食べる直前に5を飾る。

PROFITEROLE
SÉSAME-CERISE

プロフィトロール・セザム・ノワール・エ・スリーズ

（黒ゴマアイスクリームとチェリー・チョコソースのプロフィトロール）

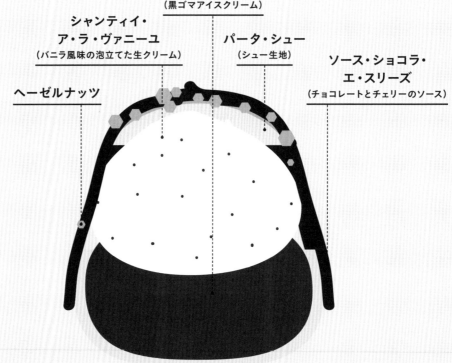

グラース・オ・セザム・ノワール
（黒ゴマアイスクリーム）

**シャンティイ・
ア・ラ・ヴァニーユ**
（バニラ風味の泡立てた生クリーム）

パータ・シュー
（シュー生地）

**ソース・ショコラ・
エ・スリーズ**
（チョコレートとチェリーのソース）

ヘーゼルナッツ

どんなシュー菓子？

シュー生地の間に、黒ゴマアイスクリームとバニラ風味のシャンティイを挟み、上からチェリーとチョコレートのソースをかけます。

製作時間

下準備：2時間30分
焼成：40分
冷蔵：24時間
冷凍：1時間

必要な道具

直径4cmの抜き型
ミキサー
アイスクリームメーカー

12mmの丸口金、10切星口金
絞り袋
波刃ナイフ

注意すべきポイント

アイスクリームの作り方

基本テクニック

絞り出し（P.14）
上がけをする（P.22）
絞り袋に生地を詰める（P.138）
シノワでこす（P.141）
湯煎にかける（P.141）

アドバイス

生クリーム200gを同量のマスカルポーネ
チーズに替えると、より濃厚でしっかりとしたシャンティイになります。

ヴァリエーション

伝統的なプロフィトロールのレシピでは、バニラビーンズ2本で風味をつけたバニラアイスクリームと、チェリーピューレの代わりに牛乳で作ったチョコレートソースを使います。

手順

前日：クラクランを作る⇒生クリームに風味をつける⇒黒ゴマペーストを作る⇒アイスクリームベースを作る
当日：シュー生地を作る⇒アイスクリームを作る⇒組み立て

材料 (15〜20個分)

1 シャンティイ・ア・ラ・ヴァニーユ

生クリーム：500g
バニラビーンズ：2本
粉糖：50g

2 クラクラン

バター：75g
カソナード (ブラウンシュガー)：100g
薄力粉：100g

3 グラース・オ・セザム・ノワール

卵黄：100g (卵5〜6個)
グラニュー糖：100g
生クリーム：500g

4 黒ゴマペースト (100g分)

黒ゴマ：100g

5 パータ・シュー

牛乳：100g
水：100g
塩：2g
バター：90g
全卵：200g (卵4個)
薄力粉：120g

6 ソース・ショコラ・エ・スリーズ

チェリーピューレ：200g
グラニュー糖：30g
ココアパウダー：15g
ブラックチョコレート：130g

7 デコレーション

ヘーゼルナッツダイス：適量

1　クラクランを作る（P.24参照）。シャンティイ・ア・ラ・ヴァニーユの下準備をする。生クリームに風味をつける。バニラビーンズのさやを縦2つに割って種をこそぎ取る。鍋に生クリーム200gとさやと種を入れて沸騰させる。火から下ろし、ふたをしてそのまま30分おく。残りの生クリームと粉糖を加え、翌日まで冷蔵庫に入れておく。

2　黒ゴマペーストを作る。黒ゴマをフライパンに入れ、5〜10分弱火で混ぜながら炒り、天板に広げて冷ます。ミキサーでペースト状にする。途中2〜3回、周りに散ったゴマをゴムべらでこそげ落として中に戻し、薄い油の膜が表面にできるまでかく拌する。

3　グラース・オ・セザム・ノワールを作る。クレーム・アングレーズを作る要領で（P.30参照）、加熱の最後の工程で2を加える。かく拌して冷蔵庫に入れる。

4　パータ・シューを作る（P.10参照）。オーブンを220℃に温めておく。12mmの丸口金をつけた絞り袋に生地を詰め、直径4cmの円形に絞る（P.14参照）。同じ直径の抜き型でクラクランをカットし、生地の上にのせる。オーブンの温度を170℃に下げ、生地を入れて20〜40分焼く（P.18参照）。

5　3をアイスクリームメーカーにかける。使い方は製品の説明書に従うこと。冷凍庫に30分入れる。

6　4を上から1/3のところで波刃ナイフで横にカットし、直径4cmの抜き型で抜いて形をきれいに整える。

7　5を10切星口金をつけた絞り袋に入れ、下側のシューの中に詰める。上側のシューをかぶせて、食べる時まで冷凍庫に入れておく。

8　1をシノワでこし、シャンティイ・ア・ラ・ヴァニーユを作る（P.36参照）。チェリーのチョコレートソースを作る。鍋にチェリーピューレとグラニュー糖を入れて沸騰させる。ココアパウダーを加えてかき混ぜる。チョコレートを加え、かき混ぜながら2分加熱する。シノワでこし、湯煎にかけておく。

9　7の上側のシューを取りはずし、シャンティイ・ア・ラ・ヴァニーユをアイスの上に絞ってから、再びかぶせる。ソースを敷いた皿にのせ、上からソースをかけ、ヘーゼルナッツダイスを散らしてすぐに提供する。

PARIS-BREST

パリ・ブレスト

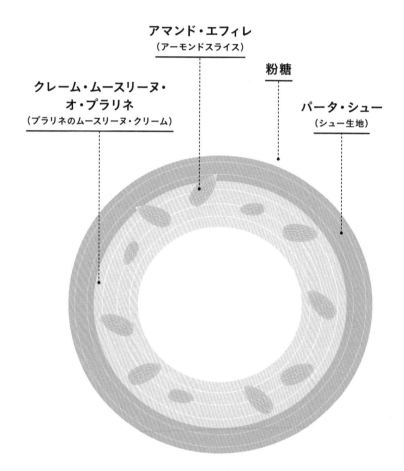

アマンド・エフィレ
（アーモンドスライス）

粉糖

**クレーム・ムースリーヌ・
オ・プラリネ**
（プラリネのムースリーヌ・クリーム）

パータ・シュー
（シュー生地）

どんなシュー菓子?

アーモンドスライスを散らしたリング状
のシュー生地の間に、プラリネのムース
リーヌ・クリームを挟みます。

製作時間

下準備：2時間
焼成：40分
冷蔵：24時間

必要な道具

直径18cmのアントルメ用セルクル型
直径14cmのアントルメ用セルクル型
直径8cmのアントルメ用セルクル型

スタンドミキサー（ボウル、ワイヤーホイップ）
12切星口金、絞り袋
波刃ナイフ、ペティナイフ
茶こし

注意すべきポイント

クレーム・ムースリーヌの作り方
（バターを入れる回数）

基本テクニック

絞り出し（P.14）
絞り袋に生地を詰める（P.138）
ドリュールを塗る（P.140）
バターをポマード状にする（P.140）

ヴァリエーション

プラリネペーストに使用するアーモンド
とヘーゼルナッツは、ピーカンナッツに
替えてもよいでしょう。

手順

前日：プラリネペーストを作る⇒カスター
ドクリームを作る
当日：シュー生地を作る⇒ムースリーヌ・
クリームを作る⇒組み立て

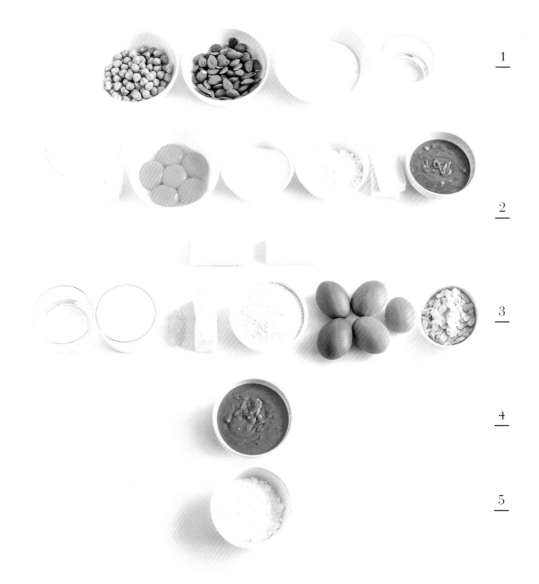

1

2

3

4

5

材料 (8〜10人分)

1 プラリネペースト

生アーモンド：100g
生ヘーゼルナッツ：100g
グラニュー糖：200g
水：100g

2 クレーム・ムースリーヌ・オ・プラリネ

クレーム・パティシエール用
牛乳：500g
卵黄：100g (卵5〜6個)
グラニュー糖：120g
コーンスターチ：50g
バター：125g
プラリネペースト：160g

バター
ポマード状のもの：125g

3 パータ・シュー

牛乳：100g
水：100g
塩：2g
バター：90g
全卵：200g (卵4個)
薄力粉：120g
ドリュール用の全卵：1個
アーモンドスライス：50g

4 フィリング

プラリネペースト：250g

5 デコレーション

粉糖：30g

1　プラリネペーストを作る（P.44参照）。ク
レーム・パティシエールを作る（P.26参照）。
バターを入れる工程でプラリネペーストを
同時に加える。完全に冷めるまで冷蔵庫
に入れる。

2　パータ・シューを作る（P.10参照）。オー
ブンを220℃に温めておく。セルクル型を
使って、天板に外形18cm・内径8cmの大
きなリングと、外径14cm・内径8cmの小
さなリングの印をつける。12切星口金を
つけた絞り袋に生地を詰め、印の中に2
段に絞る（P.14参照）。

3　刷毛で表面にドリュールを塗り、2の
大きなリングの表面にはアーモンドスライ
スを散らす。オーブンの温度を170℃に下
げ、生地を入れて20〜40分焼く（P.18参照）。

4　クレーム・ムースリーヌ・オ・プラリネを
仕上げる。ボウルに1のクレーム・パティシ
エールを入れ、しっかりかく拌してなめら
かにする。ポマード状のバターを2回に分
けて加えてよく混ぜ合わせ、最後にさらに
2〜3分かく拌する。できあがったクリーム
の内100gをプラリネペースト250gに加え、
泡立て器で混ぜ合わせる。

5　ペティナイフの先端で、2の小さいリン
グの底面8カ所に穴を開ける。4でクリー
ムと混ぜたプラリネペーストを絞り袋に入
れ、穴から注入する。大きいリングは波刃
ナイフで横に2分割する。

6　4のクリームを12切星口金をつけた
絞り袋に入れ、下側のシューに写真のよう
に絞る。まずシェル型、その上にリング状
に絞る。その上に小さいリングをのせ、ク
リームをシェル型に絞って覆い隠す。上側
のシューをかぶせ、冷蔵庫に4時間以上
入れる。食べる前に茶こしで粉糖を振る。

PARIS FRAISE ET
VERVEINE

パリ・フレーズ・エ・ヴェルヴェーヌ
（レモンバーベナとイチゴのシューケーキ）

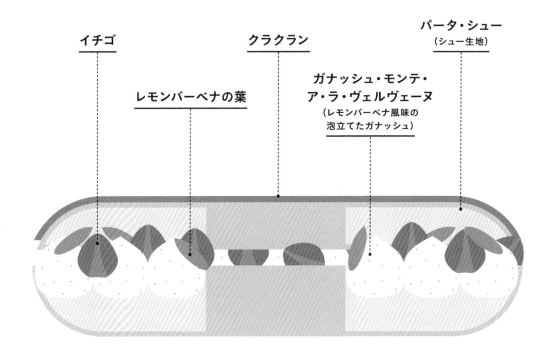

イチゴ

レモンバーベナの葉

クラクラン

ガナッシュ・モンテ・
ア・ラ・ヴェルヴェーヌ
（レモンバーベナ風味の
泡立てたガナッシュ）

パータ・シュー
（シュー生地）

どんなシュー菓子？

リング状のシュー生地の間に、レモン
バーベナ風味の泡立てたガナッシュとイ
チゴを挟みます。

製作時間

下準備：2時間
焼成：40分
冷蔵：24時間

必要な道具

直径20cmのアントルメ用セルクル型
直径12cmのアントルメ用セルクル型
10切星口金、10mm丸口金

絞り袋
波刃ナイフ
ペティナイフ

注意すべきポイント

ガナッシュの泡立て

基本テクニック

絞り出し（P.14）
絞り袋に生地を詰める（P.138）
シノワでこす（P.141）

アドバイス

大きなリング状に絞る時は、直径20cmと
12cmの2つのセルクル型を使って印をつ
けましょう。印に沿ってぐるりと4列に絞り、
その上に位置をずらして3列に絞りましょう。

ヴァリエーション

レモンバーベナの代わりにミントを使って
もよいでしょう。

手順

前日：クラクランを作る⇒レモンバーベナ
風味のガナッシュ・モンテを作る
当日：シュー生地を作る⇒組み立て

1

2

3

4

材料 (8〜10人分)

1 クラクラン

バター：75g
カソナード（ブラウンシュガー）：100g
薄力粉：100g

2 ガナッシュ・モンテ・ア・ラ・ヴェルヴェーヌ

板ゼラチン：3g
レモンバーベナ：1束
生クリーム：400g
ホワイトチョコレート：150g

3 パータ・シュー

牛乳：100g
水：100g
塩：2g
バター：90g
全卵：200g（卵4個）
薄力粉：120g

4 デコレーション

イチゴ：500g

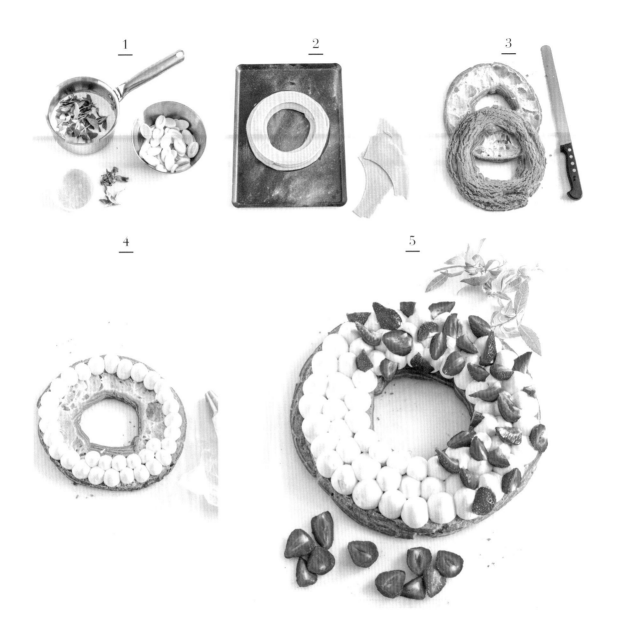

1　クラクランを作る（P.24参照）。ガナッシュ・モンテ・ア・ラ・ヴェルヴェーヌを作る。レモンバーベナの葉は何枚かデコレーション用に取っておく。鍋に生クリームとレモンバーベナを入れて沸騰させる。火から下ろし、ふたをしてそのまま30分おく。シノワでこし、ガナッシュ・モンテを作り、冷蔵庫に入れる（P.32参照）。

2　パータ・シューを作る（P.10参照）。オーブンを220℃に温めておく。10切星口金をつけた絞り袋に生地を詰め、外径20cm・内径12cmの太いリング状に絞る（P.14参照）。クラクランをリングの形に合わせてカットし、生地の上にのせる。オーブンの温度を170℃に下げ、生地を入れて20〜40分焼く（P.18参照）。

3　2が冷めたら、上から1/3のところを波刃ナイフで横にカットする。

4　1のガナッシュを泡立て（P.32参照）、10mmの丸口金をつけた絞り袋に入れ、下側のシューの上にドーム状に絞る。

5　半分に切ったイチゴをランダムに配置し、レモンバーベナの葉も同じようにのせる。上側のシューは縁の部分を軽くカットしてきれいに整え、本体としっかり密着するように、裏側にクリームを糸状に絞ってかぶせる。冷蔵庫に1時間以上入れる。

SAINT-HONORÉ

サン・トノーレ

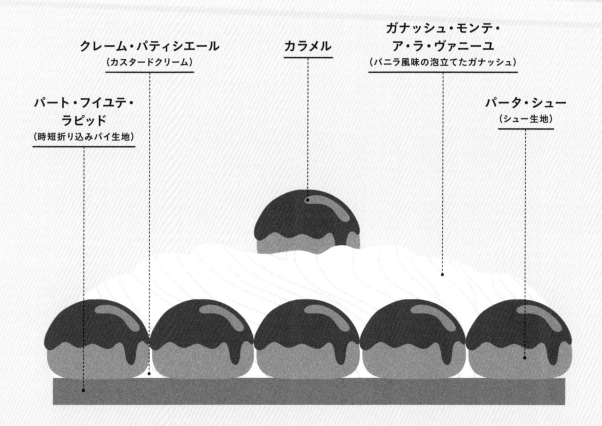

クレーム・パティシエール
（カスタードクリーム）

カラメル

**ガナッシュ・モンテ・
ア・ラ・ヴァニーユ**
（バニラ風味の泡立てたガナッシュ）

**パート・フイユテ・
ラピッド**
（時短折り込みパイ生地）

パータ・シュー
（シュー生地）

どんなシュー菓子？

折り込みパイ生地の土台に、カスタードクリームとバニラ風味の泡立てたガナッシュを絞り、カラメルコーティングした小さなシュークリームで周りを囲みます。

製作時間

下準備：4時間
焼成：1時間30分
冷蔵：24時間

必要な道具

直径24cmのアントルメ用セルクル型
直径20cmのマンケ型
直径2cmの抜き型

8mmの丸口金、サントノーレ口金
絞り袋
ペティナイフ
茶こし
重石

注意すべきポイント

シューのカラメルグラサージュ

基本テクニック

絞り出し（P.14）
生地を伸ばす〈アベセ〉（P.138）
絞り袋に生地を詰める（P.138）
ドリュールを塗る（P.140）

アドバイス

余ったシュー生地は冷凍で3カ月保存できます。前日に冷蔵庫に移すか、室温で30分おいてから使用しましょう。

ヴァリエーション

バニラビーンズの代わりに、すりおろしたトンカ豆1/4個を使ってもよいでしょう。

手順

前日：パート・フイユテを作る⇒クレーム・パティシエールを作る⇒ガナッシュ・モンテ・ヴァニーユを作る
当日：シュー生地を作る⇒カラメルを作る⇒組み立て

1

2

3

4 & 5

6

材料（8〜10人分）

1 パート・フイユテ・ラピッド

デトランプ用
薄力粉：125g
強力粉：125g
塩：5g
バター：100g
水：130g
酢（ホワイトビネガー）：5g

折り込み用
バター：100g

仕上げ用
粉糖：30g

2 クレーム・パティシエール

牛乳：250g
バニラビーンズ：1本
卵黄：50g（卵3〜4個）
グラニュー糖：60g
コーンスターチ：25g
バター：25g

3 ガナッシュ・モンテ・ア・ラ・ヴァニーユ

板ゼラチン：4g
バニラビーンズ：2本
生クリーム：450g
ホワイトチョコレート：100g

4 パータ・シュー

牛乳：100g
水：100g
塩：2g
バター：90g
全卵：200g（卵4個）
薄力粉：120g

5 ドリュール

溶き卵：全卵1個

6 カラメル

水：175g
グラニュー糖：500g
水あめ：100g

1　パート・フイユテ・ラピッドを作る(P.38 参照)。折り込みがすべて終わったら、麺棒 で生地を3mmの厚さに伸ばし、冷蔵庫で 1時間寝かせる。直径24cmのセルクル 型をのせてペティナイフで円形に切り取り、 生地全体にフォークの先でピケする。オー ブンを180℃に温めておく。天板にオーブ ンシートを敷いて生地を置き、その中央に 重石を入れた直径20cmのマンケ型をの せて、オーブンに入れて30分焼く。型を持 ち上げて、中央が色づき始めていたら型を 取り除き、全体に均等に焼き目がつくまで 焼成を続ける。取り出して冷ます。

2　オーブンの温度を220℃に上げる。1 に茶こしで粉糖を振りかけ、オーブンに5 分入れて表面をカラメリゼさせる。焦げすぎ ないように注意すること。クレーム・パティ シエール(P.26参照)、ガナッシュ・モンテ・ ア・ラ・ヴァニーユ(P.32参照)を作り、冷蔵 庫に入れておく。

3　パータ・シューを作る(P.10参照)。オー ブンを220℃に温めておく。8mmの丸口 金をつけた絞り袋に生地を詰め、直径2cm の円形を20個ほど絞る(P.14参照)。刷毛 で表面にドリュールを塗る(P.140参照)。オー ブンの温度を170℃に下げ、生地を入れて 20〜40分焼く(P.18参照)。冷めたら、底面 にペティナイフの先端で穴を開ける。2の

クレーム・パティシエールを泡立て器でしっ かりかく拌してなめらかにし、8mmの丸 口金をつけた絞り袋に入れ、穴から注入 する。

4　カラメルを作る(P.50参照)。シューをカ ラメルに浸して、そのまま固める。

5　2の土台中央に、残りのクレーム・パ ティシエールを絞り出す。

6　2のガナッシュを泡立て、サントノーレ 口金をつけた絞り袋に入れ、5の上に絞る。 ガナッシュを絞り終えたら周囲に4をのせ、 軽くクリームに押しつけて固定する。冷蔵 庫に1〜2時間入れる。

118

TARTE AUX CHOUX
FRUITS ROUGES

タルト・オー・シュー・フリュイ・ルージュ・エ・ヴァニーユ
（ミックスベリーとバニラガナッシュのシュータルト）

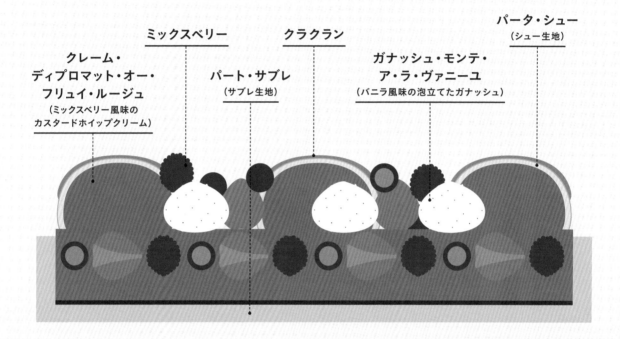

クレーム・ディプロマット・オー・フリュイ・ルージュ
（ミックスベリー風味のカスタードホイップクリーム）

ミックスベリー

パート・サブレ
（サブレ生地）

クラクラン

ガナッシュ・モンテ・ア・ラ・ヴァニーユ
（バニラ風味の泡立てたガナッシュ）

パータ・シュー
（シュー生地）

どんなシュー菓子？

サブレ生地のタルト台に、ミックスベリー風味のカスタードホイップクリームを絞ってフルーツを包み、その上に、同じクリームを詰めたシュークリーム、フルーツ、バニラ風味のガナッシュを飾ります。

製作時間

下準備：3時間
焼成：1時間20分
冷蔵：24時間

必要な道具

直径20cmのタルト用セルクル型
直径2cmの抜き型
スタンドミキサー（ボウル、ワイヤーホイップ）
12切星口金、8mm丸口金
絞り袋
ペティナイフ

注意すべきポイント

シュー生地の焼成
クレーム・パティシエールの火加減
タルト台の焼成

基本テクニック

絞り出し（P.14）
絞り袋に生地を詰める（P.138）
生クリームを泡立てる（クレーム・モンテ、P.139）

アドバイス

ミックスベリーのピューレは、好みのベリーをミキサーでかく拌して作りましょう。

手順

前日：ガナッシュ・モンテ・ヴァニーユを作る⇒クレーム・パティシエールを作る⇒クラクランを作る⇒サブレ生地を作る
当日：シュー生地を作る⇒クレーム・ディプロマットを作る⇒クリームを詰める⇒組み立て

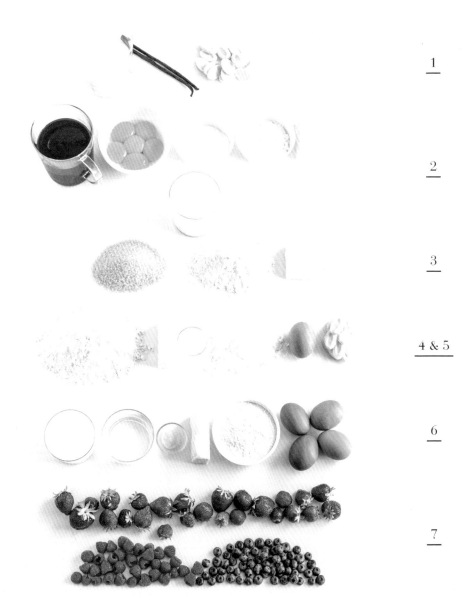

材料（8〜10人分）

1 ガナッシュ・モンテ・ア・ラ・ヴァニーユ

板ゼラチン：2g
バニラビーンズ：2本
生クリーム：200g
ホワイトチョコレート：50g

2 クレーム・ディプロマット・
オー・フリュイ・ルージュ

クレーム・パティシエール用

ミックスベリーピューレ：500g
卵黄：100g（卵5〜6個）
グラニュー糖：120g
コーンスターチ：50g
バター：50g
板ゼラチン：8g

クレーム・モンテ用

生クリーム：200g

3 クラクラン

バター：75g
カソナード（ブラウンシュガー）：100g
薄力粉：100g

4 パート・サブレ

バター：70g
薄力粉：200g
塩：1g
粉糖：70g
全卵：60g（卵大1個）

5 シャブロン（コーティング）

ホワイトチョコレート：50g

6 パータ・シュー

牛乳：100g
水：100g
塩：2g
バター：90g
全卵：200g（卵+個）
薄力粉：120g

7 デコレーション

イチゴ：125g
ラズベリー：125g
ブルーベリー：125g

1　ガナッシュ・モンテ・ヴァニーユを作る（P.32参照）。クレーム・ディプロマット用のクレーム・パティシエールを作る（P.26参照）。牛乳の代わりにミックスベリーピューレを使うこと。クラクランを作る（P.24参照）。パート・サブレを作る（P.42参照）。

2　パータ・シューを作る（P.10参照）。オーブンを220℃に温めておく。8mmの丸口金をつけた絞り袋に生地を詰め、直径2cmの円形に絞る（P.14参照）。同じ直径の抜き型でクラクランをカットし、生地の上にのせる。オーブンの温度を170℃に下げ、生地を入れて20〜40分焼く（P.18参照）。

3　パート・サブレをタルト用セルクル型に敷き込み、焼成する（P.42参照）。土台が冷めたら、湯煎で溶かしたホワイトチョコレートを刷毛で内側に薄く塗りコーティングする。そのまま固める。

4　1のクレーム・パティシエールにクレーム・モンテを加えて、クレーム・ディプロマットを仕上げる（P.26参照）。

5　2の底面にペティナイフの先端で穴を開ける。4を8mmの丸口金をつけた絞り袋に入れて、穴から注入する。3の底にも絞る。

6　カットしたフルーツを5の上にのせ、残りのクリームを上から絞って覆う。

7　6の上に、シュークリームを間隔を空けて配置する。1のガナッシュ・モンテ・ヴァニーユを12切星口金をつけた絞り袋に入れ、間を埋めるように大小の点に絞る。残りのミックスベリーを飾り、冷蔵庫に2時間以上入れる。

PIÈCE MONTÉE

ピエス・モンテ（シュークリームのデコレーションケーキ）

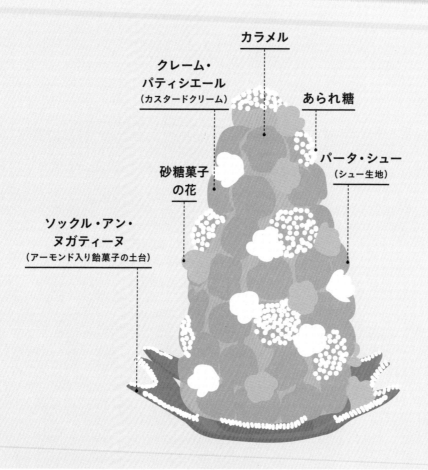

カラメル

クレーム・
パティシエール
（カスタードクリーム）

あられ糖

パータ・シュー
（シュー生地）

砂糖菓子
の花

ソックル・アン・
ヌガティーヌ
（アーモンド入り飴菓子の土台）

どんなケーキ？

バニラカスタードクリームを詰めてカラ
メルでコーティングしたシュークリームを、
ヌガティーヌで作った土台に円錐形に積
み上げたケーキです。

製作時間

下準備：4時間
焼成：40分
冷蔵：24時間

必要な道具

直径22cmのアントルメ用セルクル型
直径18cmのアントルメ用セルクル型
直径6cmの抜き型、直径2cmの抜き型
ハンドブレンダー
8mmの丸口金、絞り袋

こし器、ペティナイフ

注意すべきポイント

シューのカラメルグラサージュ
シュー生地の焼成
クレーム・パティシエールの火加減

基本テクニック

絞り出し（P.14）
上がけをする（P.22）
絞り袋に生地を詰める（P.138）
コルネを作る（P.139）
ドリュールを塗る（P.140）

アドバイス

ヌガティーヌが形成中に固くなってしまっ
たら、180℃のオーブンに数分入れるとまた

扱いやすくなります。形成が終わったら、使
用するまで乾燥した場所に保管しましょう。
カラメルの使用中は、定期的に温めなおし
てちょうどいい濃度を保ちましょう。

ヴァリエーション

クレーム・パティシエールの風味づけのバニ
ラビーンズは、ピスタチオペースト30gに
替えてもよいでしょう。バターを入れた後に
加えます。

手順

前日：ヌガティーヌを作る⇒クレーム・パ
ティシエールを作る
当日：シュー生地を作る⇒クリームを詰め
る⇒シューのカラメルグラサージュ⇒組
み立て

1

2

3 & 4

5

6

7

材料 (8〜10人分)

1 クレーム・パティシエール

牛乳：500g
バニラビーンズ：2本
卵黄：100g (卵5〜6個)
グラニュー糖：120g
コーンスターチ：50g
バター：50g

2 ソックル・アン・ヌガティーヌ

アーモンドダイス：250g
フォンダン：300g
水あめ：250g

3 パータ・シュー

牛乳：150g
水：150g
塩：3g
バター：135g
全卵：300g (卵6個)
薄力粉：180g

4 ドリュール

溶き卵：全卵1個

5 カラメル

水：250g
グラニュー糖：1kg
水あめ：200g

6 グラース・ロワイヤル (アイシング)

卵白：30g (卵1個)
粉糖：300g
レモン果汁：10g

7 デコレーション

あられ糖：適量
砂糖菓子の花：適量

1 ソックル・アン・ヌガティーヌを作る（P.48参照）。クレーム・パティシエールを作る（P.26参照）。

2 パータ・シューを作る（P.10参照）。オーブンを220℃に温めておく。8mmの丸口金をつけた絞り袋に生地を詰め、直径2cmの円形に絞る（P.14参照）。刷毛で表面にドリュールを塗る（P.140参照）。オーブンの温度を170℃に下げ、生地を入れて20〜40分焼く（P.18参照）。冷めたら、底面にペティナイフの先端で穴を開ける。1のクレーム・パティシエールを泡立て器でしっかりかく拌してなめらかにし、8mmの丸口金をつけた絞り袋に入れ、穴から注入する。

3 カラメル・デコールを作る（P.50参照）。2をカラメルに浸す。12個ほどは、カラメルが熱いうちにあられ糖をつける。そのまま固める。

4 直径18cmのアントルメ用セルクル型の内側に油を塗り、オーブンシートの上にのせる。11個のシューで1段目を作る。横にくる面をカラメルに浸し、隣のシューとくっつけながら型に沿って並べていく。

5 2段目は10個、3段目は9個と、シューを1個ずつ減らしながら、最後の1段が1個になるまで積み上げる。ランダムにあられ糖をつけたシューも入れていく。2段目からは下と横にくる面をカラメルに浸し、

全体をくっつける。前段のシューと互い違いになるように位置をずらし、上部を軽く内側に傾けながら、全体が円錐形になるように重ねていく。

6 少し冷めたカラメルを、鍋から直接ヌガティーヌの土台の上に糸状に垂らして円を描き、5をのせて貼りつける。グラース・ロワイヤルを作る。ボウルに卵白とこし器でふるった粉糖を入れてハンドブレンダーでかく拌し、レモン果汁を加える。コルネ（P.139参照）に入れて、土台の三日月形のヌガティーヌの縁に真珠飾りのように絞り出す。砂糖菓子の花を飾り、涼しい場所に置いておく。

CHOCO-PÉCAN

シューヌ・ショコラ・エ・ノワ・ド・ペカン

(シュー生地で作ったチョコカスタードとピーカンナッツペーストのドーナッツ)

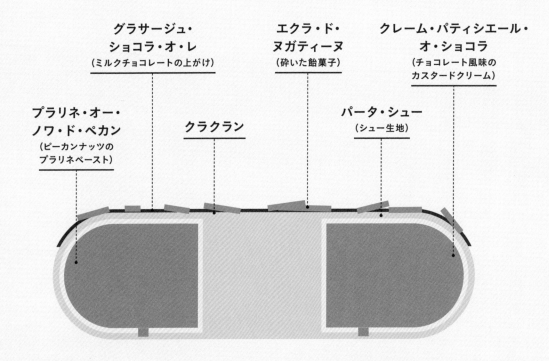

グラサージュ・
ショコラ・オ・レ
(ミルクチョコレートの上がけ)

エクラ・ド・
ヌガティーヌ
(砕いた飴菓子)

クレーム・パティシエール・
オ・ショコラ
(チョコレート風味の
カスタードクリーム)

プラリネ・オー・
ノワ・ド・ペカン
(ピーカンナッツの
プラリネペースト)

クラクラン

パータ・シュー
(シュー生地)

どんなドーナッツ?

シュー生地で作り、中にミルクチョコレート風味のカスタードクリームとピーカンナッツペーストを詰め、ミルクチョコレートでコーティングし、ピーカンナッツで作った飴菓子を砕いてトッピングします。

製作時間

下準備：3時間
焼成：40分
冷蔵：24時間

必要な道具

直径7cmの抜き型
直径5cmの抜き型
ミキサー

10mmの丸口金、8mmの丸口金
絞り袋
ペティナイフ

注意すべきポイント

シューのグラサージュ

基本テクニック

絞り出し (P.14)
上がけをする (P.22)
絞り袋に生地を詰める (P.138)

アドバイス

最初のコーティングが薄すぎた時は、シューを30分〜1時間冷凍庫に入れ、湯煎にかけて温めなおしたグラサージュに再度浸しましょう。

ヴァリエーション

ピーカンナッツの代わりにアーモンドを使ってもよいでしょう。

手順

前日：クラクランを作る⇒プラリネ・ノワ・ド・ペカンを作る⇒クレーム・パティシエールを作る⇒ヌガティーヌ・デコールを作る
当日：シュー生地を作る⇒クリームを詰める⇒グラサージュ⇒デコレーション

1

2

3

4

5

6

材料 (15〜20個分)

1 クラクラン

バター：75g
カソナード(ブラウンシュガー)：100g
薄力粉：100g

2 クレーム・パティシエール・オ・ショコラ

牛乳：500g
卵黄：100g (卵5〜6個)
グラニュー糖：120g
コーンスターチ：50g
ミルクチョコレート：250g

3 ヌガティーヌ・デコール

水：5g
バター：65g
水あめ：25g
粉糖：75g
NHペクチン(無糖)：2g
ピーカンナッツ：90g

4 プラリネ・オー・ノワ・ド・ペカン

ピーカンナッツ：100g
グラニュー糖：100g
水：50g

5 パータ・シュー

牛乳：100g
水：100g
塩：2g
バター：90g
全卵：200g (卵4個)
薄力粉：120g

6 グラサージュ・ショコラ・オ・レ

ミルクチョコレート：250g
ブラックチョコレート：90g
生クリーム：225g
トリモリン(転化糖)なければハチミツ：40g

1　クラクランを作る（P.24参照）。プラリネ・ノワ・ド・ペカンを作る（P.44参照）。材料のナッツにピーカンナッツを使うこと。クレーム・パティシエール・オ・ショコラを作る（P.26参照）。鍋を火から下ろしたところで、バターの代わりにミルクチョコレートを入れて混ぜる。ヌガティーヌ・デコールを作る（P.47参照）。アーモンドスライスの代わりに砕いたピーカンナッツを使い、焼かずに冷凍庫に入れておく。

2　パータ・シューを作る（P.10参照）。オーブンを220℃に温めておく。10mmの丸口金をつけた絞り袋に生地を詰め、外形7cm・内径5cmのドーナツ型に絞る（P.14

参照）。クラクランを同じサイズにカットし、生地の上にのせる。型の印付けやカットには抜き型を使うとよい。オーブンの温度を170℃に下げ、生地を入れて20〜40分焼く（P.18参照）。

3　2が冷めたら、底面にペティナイフの先端で5カ所に穴を開ける。1のクレーム・パティシエールを泡立て器でしっかりかく拌してなめらかにし、8mmの丸口金をつけた絞り袋に入れ、穴から注入する。同様に、プラリネ・ノワ・ド・ペカンも8mmの丸口金をつけた絞り袋に入れ、同じ穴から少量、注入する。冷凍庫に1時間入れる。

4　ヌガティーヌ・デコールを焼く（P.47参照）。グラサージュ・ショコラ・オ・レを作る（P.37参照）。

5　グラサージュの温度が適温に達したら、3に上がけをする（P.22参照）。冷蔵庫に2時間以上入れる。食べる前に砕いたヌガティーヌ・デコールをトッピングする。

CHOUQUETTES

シューケット（小さなシュー菓子）

ドリュール
（溶き卵）

あられ糖

パータ・シュー
（シュー生地）

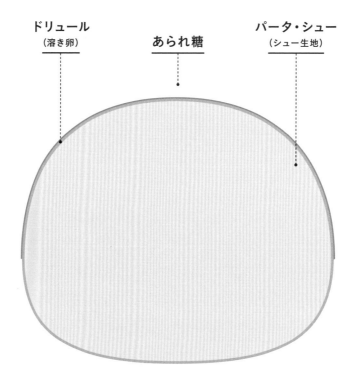

どんなシュー菓子？

小さなシュー生地にあられ糖をまぶして
焼きます。

製作時間

下準備：30分
焼成：40分

必要な道具

直径2cmの抜き型
8mmの丸口金
絞り袋
刷毛

注意すべきポイント

生地の絞り出し

基本テクニック

絞り出し（P.14）
絞り袋に生地を詰める（P.138）
ドリュールを塗る（P.140）

アドバイス

シュー生地は前もって作っておいて、絞り出
して冷凍保存することもできます。オーブン
シートの上に生地を絞り、砂糖をまぶして
から冷凍庫に入れ、凍ったら密閉容器に入

れて保存しましょう。凍ったままオーブンに
入れ、焼成時間を10〜20分延長して焼き
上げます。

ヴァリエーション

あられ糖の半分を、チョコレートチップに
替えてもよいでしょう。

手順

シュー生地を作る⇒焼成

材料（40個分）

1 パータ・シュー

牛乳：100g
水：100g
塩：2g
バター：90g
全卵：200g（卵4個）
薄力粉：120g

2 ドリュール

溶き卵：全卵1個

3 デコレーション

あられ糖：150g

1　パータ・シューを作る（P.10参照）。刷毛で天板に溶かしたバターを塗り、直径2cmの抜き型に薄力粉をつけて印をつける。

2　8mmの丸口金をつけた絞り袋に生地を詰め、1の印に合わせて絞る。

3　刷毛で生地の表面にドリュールを塗る（P.140参照）。

4　上からあられ糖を振り、軽く押さえて生地に密着させる。

5　オーブンを220℃に温めておく。天板を静かに裏返し、余分なあられ糖を取り除く。オーブンの温度を170℃に下げ、生地を入れて20〜40分焼く。少し冷ましてから食べる。

CHAPITRE 3

ANNEXES

第3章
用語解説

道具

泡立て器、へら、
カード (ドレッジ) 136

天板、金網 136

ミキサー 136

ボウル、鍋、ラップ 136

調理用温度計 136

シノワ (スープ・ソース用こし器) 136

刷毛、L字型パレットナイフ、
麺棒 136

絞り袋、口金 136

おろし器 (マイクロブレイン社の
フードグレーターなど) 136

スタンドミキサー、専用ボウル、
ヘッド (ドゥフック、平面ビーター、
ワイヤーホイップ) 137

アントルメ用セルクル型 137

マンケ型 137

抜き型 137

半球体シリコンモールド 137

角セルクル型 (カードル) 137

生地 (パート) の扱い方

打ち粉をする (フルレ) 138

生地を押し伸ばす (フレゼ) 138

生地を伸ばす (アベセ) 138

カードを使いこなす 138

絞り袋に生地を詰める 138

生地を絞る (ポッシェ) 138

基本テクニック

シロップを作る 139

ナッツをローストする 139

コルネを作る 139

柑橘類の表皮を使う 139

柑橘類の表皮を
砂糖漬けにする 139

生クリームを泡立てる
(クレーム・モンテ) 139

ドリュールを塗る 140

バターをポマード状にする 140

バターをクリーム状にする
(クレメ) 140

卵白と卵黄を分ける 140

リボン状に垂れるくらいまで
泡立てる 140

卵黄を白っぽくなるまで
泡立てる 140

こし器でこす 141

シノワでこす 141

ラップでふたをする 141

湯煎にかける 141

ゼラチンを戻す 141

自然対流式オーブンを使う 141

熱風循環式オーブンを使う 141

USTENSILES／道具

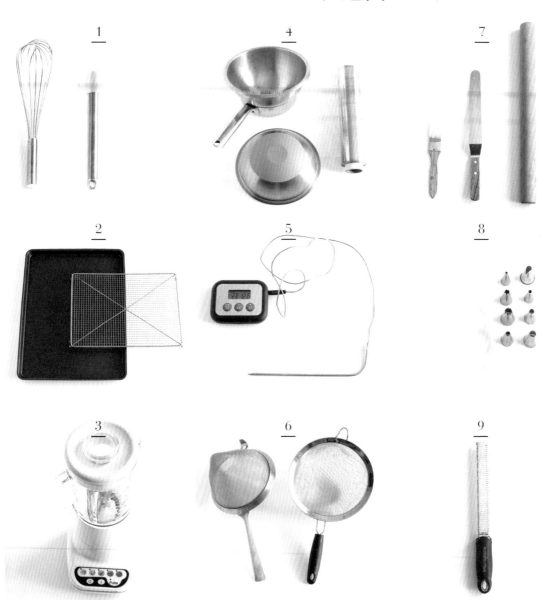

1 泡立て器、へら、カード（ドレッジ）

2 天板、金網

3 ミキサー

4 ボウル、鍋、ラップ

5 調理用温度計

6 シノワ（スープ・ソース用こし器）

7 刷毛、L字型パレットナイフ、麺棒

8 絞り袋、口金

9 おろし器（マイクロプレイン社の
フードグレーターなど）

USTENSILES／道具

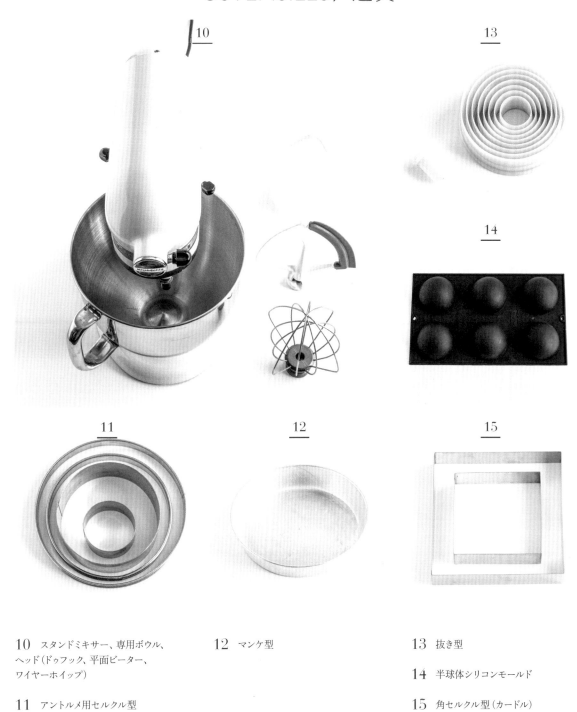

10 スタンドミキサー、専用ボウル、
ヘッド（ドゥフック、平面ビーター、
ワイヤーホイップ）

11 アントルメ用セルクル型

12 マンケ型

13 抜き型

14 半球体シリコンモールド

15 角セルクル型（カードル）

ASTUCES PÂTE／生地（パート）の扱い方

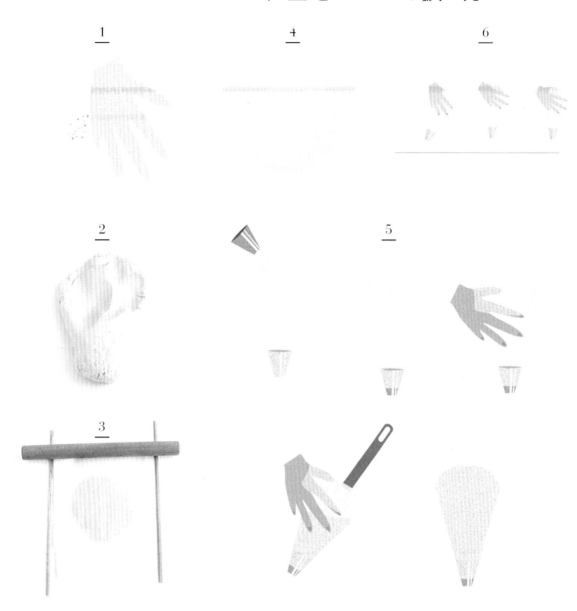

1 打ち粉をする（フルレ）

小麦粉（薄力粉または強力粉）を台に薄く振り、生地がくっつかないようにする。打ち粉が多すぎると、生地の組成が変わってしまうので注意する。

2 生地を押し伸ばす（フレゼ）

全体に均一に混ざっているか確認するために、生地を手のひらで押し伸ばす。1〜2回だけ行う。

3 生地を伸ばす（アベセ）

麺棒で生地を伸ばす。生地の左右に箸を一本ずつ置き、その高さに沿って麺棒を転がすと、生地を均等な厚みに伸ばすことができる。

4 カードを使いこなす

カードと呼ばれるプラスチック製の道具を使って、生地や材料をボウルから取り出す。

5 絞り袋に生地を詰める

使用する口金を絞り袋に入れて先端に押しこむ。正しい位置に置き、袋の先端を切り取る位置を決めたら（印をつけておいてもよい）、口金を上にずらしてハサミでカットする。口金を先端に戻し、そのすぐ上で袋をねじり、口金の中に押し込んでおく。こうしておくと、生地を袋に入れている間に生地が漏れない。袋を片手で持ち、袋の口を手の上にかぶせるようにして折り返す。ゴムべらで生地をすくい袋に詰める。できるだけ空気が入らないように、袋を持った手で外側から生地をゴムべらからこそげ取りながら詰めていく。袋から生地が溢れないように、詰める量は袋の2/3までとする。折り返していた袋の口を元に戻し、1/4ほどねじって生地を下に落とす。口金を引っ張り、先ほどねじっておいた部分を元に戻したら、さらに袋をねじって生地を口金まで落とす。

6 生地を絞る（ポッシェ）

絞り袋の持ち方は、生地を円形やドーム型に絞り出す時は台に対して垂直に、エクレールを絞る時は斜めに傾けて構える。一方の手で袋の下部を支えて動かし、もう一方の手で袋の上部を握って生地を押し出す。生地が少なくなったら先端のほうに落とし、また1/4ほど袋をねじる。

BASIQUES／基本テクニック

1 シロップを作る

使う道具はきれいに洗って乾かしておく。分量の水と砂糖をあらかじめ混ぜることなく、別々にそっと鍋に入れて中火にかける。鍋肌に飛び散ったシロップは、水で湿らせた刷毛で適宜ぬぐう。沸騰したら調理用温度計を中に入れる。先端が鍋底や鍋肌に触れないよう気をつけて、指定の温度になるまで加熱する。

2 ナッツをローストする

オーブンを170℃に温めておく。オーブンシートを敷いた天板の上にアーモンドやヘーゼルナッツを並べ、15〜20分オーブンに入れる。試しにどれか1粒割ってみて、中まで黄金色になっていたら完成。

3 コルネを作る

オーブンシートを二等辺三角形に切り取る。一番長い一片の中心を頂点とし、一方の端からもう一方の端に向かって円錐形（コルネ）に巻く。先端が尖るようにきつく巻き、反対側の重なった部分は内側に折り込む。アイシングやフォンダンを半分まで入れ、歯磨き粉のチューブの要領で上を折り曲げる。中身を先まで落とし、先端を好みの大きさにカットして使う。

4 柑橘類の表皮を使う

柑橘類の表皮（色がついている外側の部分）には香りと酸味があり、すりおろして風味づけに使用される。表皮と果肉の間にある白皮（ワタ）は苦味があるので取り除く。

5 柑橘類の表皮を砂糖漬けにする

沸騰した湯に30秒間表皮を浸す。キッチンペーパーにとり水気を取る。水と砂糖でシロップを作り、沸騰させてから火から下ろす。表皮をシロップに加え、使う時まで漬けておく。

6 生クリームを泡立てる
（クレーム・モンテ）

生クリームは、乳脂肪分30％以上のものを使う。あるいは、クリームの約15％の分量のマスカルポーネチーズを加えてもよい。生クリーム、ボウル、泡立て器は、いずれも30分以上冷蔵庫に入れて冷やしておく。クリームがふんわりして2倍の量になるまで、泡立て器でしっかりとかき混ぜる。固めに仕上げる場合、泡立て器を大きく動かしながら、濃密でなめらかで、もったりするまでさらにかき混ぜる。

BASIQUES／基本テクニック

1

2

4

3

5

6

1 ドリュールを塗る

生地につやを出してきれいな焼き色をつけるために、焼成前に溶き卵を塗る。全卵または卵黄をかき混ぜた溶き卵に刷毛を浸し、余分な分量を落としてからシュー生地に塗る。

2 バターをポマード状にする

バターをかき混ぜてなめらかな「ポマード」状にする（液体ではない）。小さくカットしたバターをボウルに入れ、室温で1～2時間おいて柔らかくする。へらを使うか、平面ビーターを取りつけたスタンドミキサーでかき混ぜる。

3 バターをクリーム状にする（クレメ）

バター、あるいはバターと砂糖を合わせたものを、泡立て器でしっかり混ぜてムース状やクリーム状にする。バターはあらかじめポマード状にしておく。

4 卵白と卵黄を分ける

卵を白身と黄身に分ける。

5 リボン状に垂れるくらいまで泡立てる

卵と砂糖を混ぜ、なめらかで均一になるまで泡立て器で混ぜる。泡立て器を持ち上げた時に、途中で切れることなくリボン状に垂れて下で重なるようになるのが目安。

6 卵黄を白っぽくなるまで泡立てる

卵黄に砂糖を加えたものを泡立て器で混ぜてムース状にする。量が2倍になり、白っぽくなるまで続ける。量が多い場合は、電動のハンドミキサーを使えば時間を半分ほどに短縮できる。

BASIQUES／基本テクニック

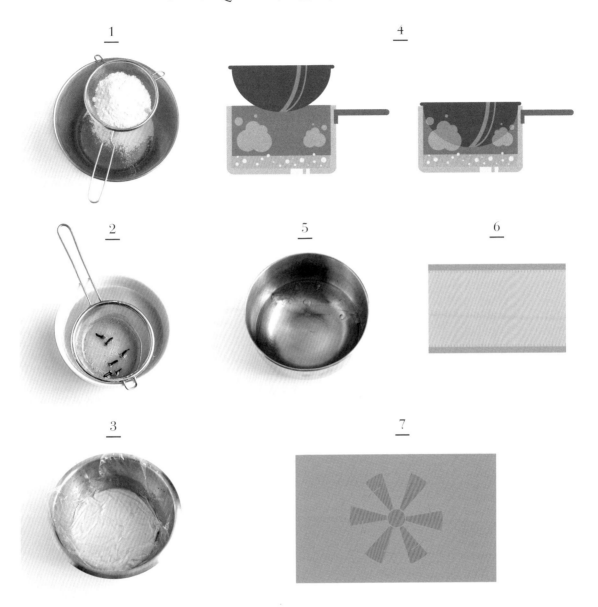

1

2

4

5

6

3

7

1　こし器でこす
粉をこし器（またはシノワ）でこし、余分な固形物を取り除く。

2　シノワでこす
液体をこし器（またはシノワ）でこし、余分な固形物や大きすぎる材料を取り除く。

3　ラップでふたをする
ボウルなどに入れた生地の表面にラップをしっかりと密着させ、表面が固まったり乾いたりしないように、空気に触れさせないようにする。

4　湯煎にかける
鍋とボウルを用意する。ボウルは、鍋に重ねることができて底が湯に触れない、鍋よりやや大きめのサイズにする。鍋に水を入れて火にかけ、沸騰しない程度に加熱する。チョコレートを湯煎にかける時は、刻むか小さくカットしたチョコレートをボウルに入れて鍋に重ね、熱い蒸気で溶かす。

5　ゼラチンを戻す
板ゼラチンを冷水に入れ、15分間浸して柔らかくなるまで戻す。両手で押さえて水気を切ってから、材料に加えて混ぜる。固まるのがわりと早いので、混ぜ合わせたらすぐに使うのが好ましい。もし固まってし

まったら、泡立て器でかく拌してなめらかにしてから使う。

6　自然対流式オーブンを使う
上と下に2つの電熱線を備えたオーブンから発生する熱の温度は少しずつ上がる。一度に複数の天板を入れて焼成するのには不向き。

7　熱風循環式（コンベクション）オーブンを使う
上下2つの電熱線にターボファンを備えたオーブンから発生する熱は、オーブンの中に均等に広がる。

レシピ一覧

シュー菓子の基本

基本の生地／テクニック

パータ・シュー（シュー生地）............... 10
ポシャージュ............................... 14
焼成..................................... 18
フォンダン................................. 20
グラッセー・アン・シュー 22
クラクラン................................. 24

クリーム／グラサージュ

クレーム・パティシエール／
クレーム・ディプロマット.................. 26
クレーム・オ・ブール 28
クレーム・アングレーズ................... 30
ガナッシュ・モンテ 32
クレーム・シトロン 34
シャンティイ............................. 36
グラサージュ・ショコラ・オ・レ......... 37

生地（パート）

パート・フイユテ・ラピッド............... 38
パート・サブレ........................... 42

デコレーション

プラリネペースト／ジャンドゥーヤ......44
クランブル・ショコラ....................... 46
ヌガティーヌ・デコール 47
ヌガティーヌ・ピエス・モンテ........... 48
カラメル・デコール....................... 50
ソース・オ・カラメル 52

シュー菓子のレシピ

伝統レシピ

シュー・ア・ラ・ヴァニーユ............... 56
シュー・ア・ラ・ピスターシュ 60
エクレール・オ・カフェ 64
サランボ................................. 68
グラン 72
ルリジューズ・オ・ショコラ................. 76

応用レシピ

シュー・ジャンドゥーヤ・
エ・シトロン............................80
シュー・エグゾティック................... 84
シュー・トゥ・ショコラ 88
シュー・ロシェ 92
エクレール・オ・カラメル 96
エクレール・オ・メートル・
カカウェット........................... 100
プロフィトロール・セザム・ノワール・
エ・スリーズ........................... 104

その他のお菓子レシピ

パリ・ブレスト 108
パリ・フレーズ・エ・ヴェルヴェーヌ ... 112
サン・トノーレ........................... 116
タルト・オー・シュー・フリュイ・
ルージュ・エ・ヴァニーユ 120
ピエス・モンテ........................... 124
シューヌ・ショコラ・
エ・ノワ・ド・ペカン 128
シューケット............................. 132

用語解説

道具..................................... 136
生地（パート）の扱い方..................... 138
基本テクニック........................... 139

材料索引

※本書掲載のレシピで使用している主な材料の索引です。

アーモンド

プラリネペースト／ジャンドゥーヤ......44
ヌガティーヌ・デコール..................47
ヌガティーヌ・ピエス・モンテ..........48
シュー・ロシェ...............................92
エクレール・オ・メートル・
カカウェット.................................100
パリ・ブレスト................................108
ピエス・モンテ...............................124

あられ糖

ピエス・モンテ...............................124
シューケット.................................132

イチゴ

パリ・フレーズ・エ・ヴェルヴェース....112
タルト・オー・シュー・フリュイ・
ルージュ・エ・ヴァニーユ.................120

カラメル

カラメル・デコール 50
ソース・オ・カラメル......................52
サランボ.....................................68
エクレール・オ・カラメル...............96
サン・トノーレ..............................116
ピエス・モンテ...............................124

キルシュ（チェリーブランデー）

サランボ.....................................68

黒ゴマ

プロフィトロール・セザム・ノワール・
エ・スリーズ................................104

コーヒー

エクレール・オ・カフェ...................64

ココナッツ

シュー・エグゾティック....................84

チェリー

プロフィトロール・セザム・ノワール・
エ・スリーズ................................104

ヌガティーヌ

ヌガティーヌ・デコール..................47
ヌガティーヌ・ピエス・モンテ..........48
ピエス・モンテ...............................124

パッションフルーツ

シュー・エグゾティック....................84

バニラビーンズ

クレーム・アングレーズ...................30
ガナッシュ・モンテ.........................32
シュー・ア・ラ・ヴァニーユ 56
サランボ.....................................68
サン・トノーレ..............................116

ピーカンナッツ

シューヌ・ショコラ・
エ・ノワ・ド・ペカン.......................128

ピーナッツ

エクレール・オ・メートル・
カカウェット.................................100

ピスタチオ

シュー・ア・ラ・ピスターシュ............60

ブラックチョコレート

ルリジューズ・オ・ショコラ...............76
シュー・ジャンドゥーヤ・
エ・シトロン................................80
シュー・トゥ・ショコラ....................88
シュー・ロシェ...............................92
エクレール・オ・メートル・
カカウェット.................................100
プロフィトロール・セザム・ノワール・
エ・スリーズ................................104
シューヌ・ショコラ・
エ・ノワ・ド・ペカン.......................128

プラリネペースト

シュー・ジャンドゥーヤ・
エ・シトロン................................80
エクレール・オ・メートル・
カカウェット.................................100
パリ・ブレスト................................108

ヘーゼルナッツ

プラリネペースト／ジャンドゥーヤ.....44
シュー・ジャンドゥーヤ・
エ・シトロン................................80
プロフィトロール・セザム・ノワール・
エ・スリーズ................................104

ブルーベリー

タルト・オー・シュー・フリュイ・
ルージュ・エ・ヴァニーユ.................120

フルール・ド・セル

エクレール・オ・カラメル...............96

ブロンドチョコレート

シュー・ロシェ...............................92

ホワイトチョコレート

ガナッシュ・モンテ.........................32
クランブル・ショコラ......................46
パリ・フレーズ・
エ・ヴェルヴェース........................112
サン・トノーレ..............................116
タルト・オー・シュー・フリュイ・
ルージュ・エ・ヴァニーユ.................120

ミックスベリー

タルト・オー・シュー・フリュイ・
ルージュ・エ・ヴァニーユ.................120

ミルクチョコレート

グラサージュ・ショコラ・オ・レ..........37
シュー・ロシェ...............................92
シューヌ・ショコラ・
エ・ノワ・ド・ペカン.......................128

ミント

グラン..72

ラズベリー（キイチゴ）

タルト・オー・シュー・フリュイ・
ルージュ・エ・ヴァニーユ.................120

ラム酒

グラン..72

レモン

シュー・ジャンドゥーヤ・
エ・シトロン................................80

レモンバーベナ

パリ・フレーズ・
エ・ヴェルヴェース........................112

レシピ＆解説／メラニー・デュピュイ

パリで人気の料理教室、『アトリエ・デ・サンス』で、ジャン＝バティスト・チボーとともに、お菓子のレッスンを担当する講師。ラグジュアリーホテルでパティシエールとしてデビューし、ミシュラン一つ星のレストラン、『エレーヌ・ダローズ』で、ヴィワ・カステルに師事。コスト兄弟が経営するグループや、ノマド、リュブレ・トレトゥール、エディアールなどの老舗のケータリング・レストランでデザートを担当した経歴を持つ。製菓の技術と魅力を伝授するために、日々活動している。著書に『美しいフランス菓子の教科書』『美しいタルトの教科書』『美しいチョコレート菓子の教科書』(すべて小社刊)がある。

翻訳／三本松里佳

ケベック大学トロワ・リビエール校フランス語学科卒業。フランス語・英語の翻訳を手がける。訳書に『シグネチャー・ディッシュ―― 食を変えた240皿』(共訳、KADOKAWA)、『病院は劇場だ――生と死を見つめた研修医の7日間』(早川書房)がある。

主な参考文献

『シュークリームの発想と組み立て』
藤生義治、山内敦生、鈴木丈晴、森本 慎、捧 雄介、森 大祐、島田 徹、菅又亮輔、西島慎一郎、山下貴弘〈著〉(誠文堂新光社)

『シュークリーム』
福田淳了〈著〉(河出書房新社)

『使える製菓のフランス語辞典』
辻製菓専門学校〈監修〉、小阪ひろみ、山崎正也〈著〉(柴田書店)

『よくわかるお菓子づくり基礎の基礎』
エコールキュリネール国立〈著〉(柴田書店)

『ル・コルドン・ブルーのフランス菓子基礎ノート――サブリナを夢みて〈2〉』
ル・コルドン・ブルー東京校〈著〉(文化出版局)

美しいシュー菓子の教科書

2021年9月10日　初版第1刷発行

レシピ＆解説：メラニー・デュピュイ
写真：ピエール・ジャヴェル
絵：ヤニス・ヴァルツィコス
技術説明：アンヌ・カゾール
翻訳：三本松里佳
翻訳協力：株式会社リベル
制作協力：原田真由美
校正：株式会社 鷗来堂
デザイン・DTP：小松洋子
日本語版編集：長谷川卓美
発行人：三芳寛要

発行元：株式会社パイ インターナショナル
〒170-0005 東京都豊島区南大塚2-32-4
TEL 03-3944-3981　FAX 03-5395-4830
sales@pie.co.jp

印刷・製本：図書印刷株式会社

©2021 PIE International
ISBN 978-4-7562-5528-0 C0077
Printed in Japan